LA MENTALIDAD DEL AMOR

MARIANNE WILLIAMSON

LA MENTALIDAD DEL AMOR

El amor radical de Jesús en
Un Curso de Milagros

Traducción de Victoria Simó Perales

Autoconocimiento

DIANA

Título original: *THE MYSTIC JESUS*

Diana es un sello editorial de Editorial Planeta, S. A.
Diagonal, 662-664, 08034 Barcelona (España)
www.dianaeditorial.com
www.planetadelibros.com

Primera edición: septiembre de 2025
Depósito legal: B. 12.449-2025
ISBN: 978-84-1119-268-2
Composición: Realización Planeta
Impresión y encuadernación: Limpergraf, S. L.
Impreso en España - *Printed in Spain*

PEFC Certificado
Este libro procede de bosques gestionados de forma sostenible
PEFC
PEFC/14-38-00305
www.pefc.es

Para Mickey Maudlin, por la guía sosegada
y una oportunidad única en la vida

*Eres una creación perfecta y deberías sentir reverencia solamente en presencia del Creador de la perfección. El milagro es, por lo tanto, un gesto de amor entre iguales. Los que son iguales no deben sentir reverencia los unos por los otros, pues la reverencia implica desigualdad. Por consiguiente, no la considero una reacción apropiada. Un hermano mayor merece respeto por su mayor experiencia, y obediencia por su mayor sabiduría. También merece ser amado por ser un hermano y devoción si nos muestra devoción. Es tan solo mi devoción por ti lo que me hace merecedor de la tuya. No hay nada en mí que tú no puedas alcanzar. No tengo nada que no proceda de Dios. La diferencia entre nosotros ahora estriba en que yo no tengo nada más. Esto me coloca en un estado que en ti es solo latente.** (*Un Curso de Milagros*, Texto, capítulo 1, II).

* Cada vez que cito un concepto directamente extraído de *Un Curso de Milagros*, incluyo un asterisco (*) al final de la frase. En el caso de las citas directas, indico si proceden del Texto (T.), del Libro de ejercicios (L.E.), de Psicoterapia: propósito, proceso y práctica (P.) o del Manual del maestro (M.M.).

CONTENIDO

Prólogo 11
Introducción 17

Capítulo 1. El Jesús místico 27
Capítulo 2. Reflejos de luz 89
Capítulo 3. Los templos de las relaciones 149
Capítulo 4. Él no murió 191
Capítulo 5. Resurrección 223

Agradecimientos 249

PRÓLOGO

No soy una estudiosa del cristianismo y tampoco soy cristiana. Por tanto, no estoy cualificada para escribir sobre el Jesús que presentan las tradiciones eclesiásticas de la Iglesia cristiana.

Este libro nace de más de cuatro décadas dedicadas al estudio de *Un Curso de Milagros*. El *Curso* es un programa autodidacta de psicoterapia espiritual que se basa en temas espirituales universales y que aborda conceptos cristianos tradicionales expresados de forma psicoterapéutica y no dogmática. Consiste en un trabajo psicológico que propone sustituir un sistema de pensamiento basado en el miedo por un sistema de pensamiento basado en el amor.

Cuando leí por primera vez *Un Curso de Milagros*, yo era una joven de veinte años en busca de sentido y propósito en la vida, como tantas personas entonces y ahora. Me intrigaron las siguientes palabras de la introducción:

> Este curso puede, por lo tanto, resumirse
> con suma sencillez de la manera siguiente:
> **Nada real puede ser amenazado.**
> **Nada irreal existe.**
> En esto reside la paz de Dios.

Aunque las frases me cautivaron, las páginas del libro estaban repletas de lenguaje cristiano tradicional. No me identificaba con la terminología del *Curso* y sencillamente pensé que no era para mí.

Un año más tarde me hallaba en tal estado de confusión emocional que la terminología perdió importancia y decidí darle a la obra una segunda oportunidad. Buscaba un contenido que aportara paz a mi alma y el lenguaje empleado me traía sin cuidado. Lo importante no era la teología, sino mi vida.

Pronto comprendí que el *Curso* no hablaba de religión. En realidad, ofrecía orientación psicológica por las vías del perdón y del amor. Siempre me habían interesado los conceptos espirituales universales, pues presentía que la Verdad es una sola, aunque se exprese de muchas maneras distintas. Muchos de los temas universales contenidos en el *Curso* aparecen mencionados en otras obras y sistemas, incluida mi propia religión, el judaísmo. Sin embargo, el *Curso* prometía algo que nadie me había ofrecido anteriormente: maneras prácticas de aplicar esos conceptos a mi vida diaria.

Algo que me desconcertó al principio fue no ver el nombre del autor en la cubierta de *Un Curso de Milagros*. Sin embargo, en la obra abundaban enunciados interesantes escritos en primera persona.

«“Nadie viene al Padre sino por mí” no significa que yo esté en modo alguno separado de ti o que sea diferente, excepto en el tiempo»* (T. cap. 1, II). Recuerdo haberlo leído y haberme dicho: «Un momento, ¿qué?». Cuando leí «Yo soy la Expiación»* (T., cap. 1, III), pensé: «Vale, ya lo entiendo».

De niña no me hablaron mucho de Jesús, ni en un sentido ni en otro. Solamente me decían que leíamos «la otra Biblia». Los judíos interpretamos de manera muy distinta la figura de

Jesús y el cristianismo, algo que no debería sorprender a nadie. Jesús era judío: uno de los nuestros. Sin embargo, a lo largo de dos milenios, la religión cristiana como institución ha sido, en ocasiones, la fuente de un violento antisemitismo y de una opresión asesina.

Pero nada de eso tiene que ver con Jesús. El cristianismo y la figura de Jesús son dos cosas muy distintas. Es bien sabido que la religión cristiana ha defendido en ocasiones los más altos ideales de Jesús, mientras que en otros momentos y lugares no lo ha hecho. A veces, como se dice en el *Curso*, «se han hecho amargos ídolos de aquel que solo quiere ser un hermano para el mundo»* (M.M., Clarificación de términos, 5).

El interés que siento por Jesús nunca me ha inspirado el deseo de convertirme a la religión cristiana, algo que yo tenía claro, pero que exigió una explicación a mis padres. Cuando empecé a estudiar el *Curso*, se quedaron tan perplejos como era de esperar. Recuerdo que mi madre me dijo con voz entrecortada:

—Entonces, ayúdame a entender lo que estás diciendo. ¿Te vas a quedar en California... y darás charlas... sobre Jesús... a los gentiles?

Asentí muy despacio. Pasados unos segundos, sacudió la cabeza, enarcó una ceja y me preguntó qué iba a ponerme.

Mi padre parecía más preocupado. Un día me llevó aparte y me preguntó en tono intenso:

—Es el mismo Dios, ¿verdad?

—¡Sí, papá! ¡Pues claro que sí! —le dije.

Recuerdo que me miró con severidad y aclaró:

—De acuerdo, pero no quiero oír nada sobre otro Dios.

¡No, por supuesto que no hablamos de un Dios distinto! Permiso concedido.

A medida que leía el *Curso*, los conceptos me resultaban tan fascinantes que di por supuesto, desde mi postura ingenua, que mis amigos cristianos se sentaban a hablar todo el tiempo de temas como Cristo, el Espíritu Santo y Jesús. Qué tonta. Descubrí que la realidad era muy distinta. Muchos de los cristianos que yo conocía sentían una aversión hacia todos esos términos cristianos aún mayor de la que había sentido yo de buen comienzo. Yo sencillamente ignoraba ciertos conceptos: a ellos les inspiraban sentimientos encontrados.

El *Curso* libera a Jesús de las garras de una autoridad institucional que pretende monopolizar y, en última instancia, constreñir su identidad. En opinión de algunos, el *Curso* se aleja de los principios cristianos, mientras que para otros los explica de un modo que tiene sentido por primera vez. Como dice el *Curso*, los practicantes proceden de «todas las religiones y de ninguna». Simplemente son personas que han oído la llamada a un amor más elevado y transformador.

Descubrí que muchos cristianos, así como personas ajenas al cristianismo, se hacen numerosas preguntas sobre Jesús. Leyendo el *Curso* aprendí algunas ideas nuevas, mientras que otros estudiantes desaprendían ideas antiguas. He visto a miles de personas a lo largo de los años, cristianas y no cristianas por igual, interesarse en el profundo valor psicológico y espiritual de *Un Curso de Milagros*. La figura del Jesús místico representa temas que están en el núcleo de todas las grandes religiones del mundo. No nos divide en silos religiosos, sino que conecta los corazones humanos.

Un Curso de Milagros no nos pide que creamos en Dios o en Jesús. Nos pide que creamos en el prójimo. Sostiene que la creencia en sí carece de sentido, mientras que la experiencia lo es todo. Algunos piensan que *Un Curso de Milagros* es la brillante obra de una profesora llamada Helen Schucman, que enseñaba psicología clínica en la Universidad de Columbia en las décadas de 1960 y 1970, mientras que otros lo atribuyen al mismísimo Espíritu Santo, que supuestamente se expresó a través de la pluma de esa mujer. Sin embargo, el poder del *Curso* no depende de su autoría, sino de la práctica de sus principios.

Doy gracias por haber llegado al *Curso* sin conocimientos previos acerca de quién era o es Jesús. Mi mente carecía de ideas preconcebidas, y en ningún momento, a lo largo de las más de cuatro décadas que he dedicado a su estudio, me he sentido inclinada a alejarme de mi propia religión. El *Curso* nos pide que transformemos nuestros corazones y nada más. En todo caso, estudiar *Un Curso de Milagros* me ha conectado de manera aún más profunda con las raíces místicas del judaísmo.

Este libro trata del Jesús que conozco como estudiante de *Un Curso de Milagros.* Todos los conceptos que vas a encontrar a lo largo de estas páginas se basan en mi manera de entender sus enseñanzas. *Un Curso de Milagros* y quien lo escribió ofrecen una experiencia distinta a cada persona. Esta es la mía.

INTRODUCCIÓN

Hace muchos años pasé por un auténtico calvario. Fue una etapa particularmente complicada de mi vida.

En esa época tuve una experiencia rara. Mientras permanecía despierta en la cama noche tras noche, incapaz de pegar ojo, empecé a notar una extraña energía. Era la presencia difusa de un hombre alto y delgado que estaba sentado, muy erguido, a los pies de mi cama, perpendicular a mi cuerpo tendido. Estaba allí, sin más. Sin hacer nada. No me miraba. Solo estaba presente.

Por entonces yo llevaba un tiempo estudiando *Un Curso de Milagros* y estaba familiarizada con la sensación de la presencia de Dios. Pero nunca había percibido la cercanía de Jesús. En ese momento, al ver esa figura a los pies de mi cama, empecé a preguntarme si tal vez...

Durante ese período comprendí que tenía problemas psicológicos: lo veía en las expresiones de mi familia y de mis amigos cuando me miraban. Sufría lo que hoy se denominaría una crisis nerviosa.

En ese momento no lo sabía, pero estaba viviendo algo que la mayoría de las personas notan en cierta medida, pero que muchos han aprendido a ocultar a la perfección. La verdad es que la brecha existente entre el mundo en el que vivimos y el mundo que anhela el corazón nos provoca una tensión cada vez más insostenible. Hoy, casi cuarenta años después, vivimos una vida diametralmente opuesta a lo que somos. Resquebrajarse ante la angustia que provoca esa distancia es más la regla que la excepción. Nuestra sociedad habla de una crisis de salud mental, pero en realidad se trata de una crisis espiritual. Hay una profunda desconexión entre el amor que albergan nuestros corazones y la vida que llevamos aquí en la Tierra.

El mundo no refleja la verdad de nuestro ser: en buena medida la desafía, la enturbia e incluso la profana. Las realidades del mundo moderno lastiman más que sanan el alma herida, y el propósito de nuestras vidas es reparar ese daño.

Mi madre no sabía qué hacer con una hija que no paraba de llorar y me propuso que empezara terapia.

—Mi amigo Buzz dice que necesitas hablar con alguien —me dijo.

Yo respondí:

—¿Tú crees?

—Pero nada de esas locuras californianas tuyas —me advirtió. (Yo vivía en Nueva York, pero mi madre llamaba «californiano» a todo lo que no era tradicional)—. Quiero que sea un médico. Un psiquiatra judío.

«Claro, mamá —pensé yo—. Justo lo que necesito. Vaya ideas que tienes».

Cuando entré en la consulta del psiquiatra, una de las primeras cosas que le dije fue:

—Mire, yo estudio una serie de libros llamados *Un Curso de Milagros*, y usted tiene que saberlo. Si me va a decir que es una locura, que todo eso son desvaríos, que lo que necesito es ayuda psiquiátrica seria y que eso no lo es, esto no va a funcionar.

Para mi asombro y gratitud eterna, se inclinó hacia delante y me dijo:

—Acabo de terminar de leer el «Libro de ejercicios».

Él también estaba estudiando *Un Curso de Milagros.*

Fue en esa época cuando noté la misteriosa presencia a los pies de mi cama. Y también fue entonces cuando llegué a una especie de acuerdo con Dios. En un momento de desesperación, le prometí que, si me ayudaba a rehacer mi vida, le dedicaría el resto de mi existencia.

De manera lenta pero segura y con ayuda de ese increíble psiquiatra de Houston, me recuperé. Me sentía como si la cabeza me hubiera estallado en mil pedazos y hubiera enviado fragmentos de mi cráneo al espacio exterior. El proceso llevó su tiempo, pero cuando mi cráneo volvió a unirse por fin, sentí que había entrado algo en mi cerebro, algo que antes no estaba allí. Mi marco de percepción se había transformado.

Con el paso de los meses, me olvidé de la promesa que le había hecho a Dios. Realmente, tenía la sensación de que volvía a ser la de antes. Ya no notaba una presencia a los pies de la cama, pero sí percibía algo que me costaba precisar. Hasta ese momento, me había sentido como si alguien me acompañara en mi dolor. Sin embargo, mientras que antes me reconfortaba, ahora se me antojaba extraño. Mientras que antes era una presencia tranquilizadora, ahora era algo parecido a una intrusión en mi día a día.

De hecho, intenté librarme de ella.

—Mira, te estoy infinitamente agradecida. Pero ahora ya estoy bien, de veras. Seguro que tienes muchísimas personas a las que ayudar y creo que deberías hacerlo. Muchas gracias, de corazón. ¡Adiós!

Intentaba ahuyentar a Jesús.

Poco después ocurrió algo interesante en un cóctel al que asistí en Houston. La fiesta se celebraba en un gran caserón con muchas estancias, y la reunión iba desplazándose de una sala a otra.

En cierto momento entré en una sala y vi a tres o cuatro hombres vestidos de esmoquin que charlaban con bebidas en la mano. Y en un instante que debió de ser un sueño lúcido —en la Antigüedad quizá habrían hablado de una experiencia mística—, uno de ellos giró la cabeza y me miró. Me quedé sin aliento, porque le reconocí.

Él se limitó a mirarme y dijo sin emoción alguna:

—Pensaba que teníamos un trato.

Eso fue todo.

A lo largo de los años he descubierto que no soy la única persona que ha vivido un encuentro extraño con Jesús. El Jesús prefabricado que nos presenta la religión no funciona para todos, ni siquiera para algunos cristianos. Para muchos se ha convertido en un fósil encerrado en la vitrina de un museo y carece en buena parte de fuerza espiritual.

El mundo necesita ayuda —ya muy pocos lo dudan—, pero el dogma religioso no parece ofrecer respuestas adecuadas a los desafíos de nuestro tiempo. Las personas anhelan una sensación de inmediatez espiritual, no la promesa de un cielo difuso y lejano. Nada limitado, rígido o carente de autenticidad atrae al alma moderna. Si algo atestigua nuestro horror ante el dolor de vivir, si algo refleja nuestro anhelo de escapar del trauma emocional por el mero hecho de estar en este mundo y nos ofrece una esperanza realista de que las cosas podrían mejorar, nos abrimos a ello sin dudarlo. Pero no nos convence el concepto anquilosado de un benefactor de otro mundo que se queda de brazos cruzados mientras la humanidad sufre. No. Es demasiado tarde para eso. Millones de personas perciben que ese concepto pudo funcionar en otra época, pero no funciona para nosotros.

Sin embargo, rechazar el dogma de la religión organizada no significa necesariamente darle la espalda a Dios. Muchas personas analizan el panorama actual en busca de experiencias espirituales nuevas y trascendentes, incluida una imagen de Jesús que sea más relevante en sus vidas. Y es posible hallar esa revelación dentro y fuera de la religión cristiana. Sin duda hay algo más allá de la falsa dicotomía entre la noción anquilosada del «Hijo de Dios» y la tendencia moderna a diluirlo en la figura de un «gran maestro». Buscamos un salvador que nos libere no solo de nuestros pecados individuales, sino de la locura del mundo. Y nada más lo hará.

Entendemos que los problemas de nuestro mundo exigen algo más profundo que la superficialidad de la religión institucional o los tópicos de la cultura popular. Esta búsqueda de algo más profundo guarda una estrecha relación con cada uno de los retos colectivos a los que nos enfrentamos, y la gente lo sabe. Igual que hace dos mil años el mensaje de Jesús no iba dirigido únicamente a los judíos, el mensaje del Jesús actual no va encaminado solo a los cristianos. La noción de que Jesús pertenece a los cristianos o, de hecho, a los practicantes de cualquier otra religión —que, en consecuencia, tienen la capacidad de definir quién es y lo que debería significar para nosotros— está superada. Aunque el cristianismo reclama una especie de monopolio sobre Jesús, la idea cada vez más generalizada es que no pertenece a nadie y, sin embargo, nos pertenece a todos.

En su dimensión mística, Jesús es una figura universal, un aspecto de la propia naturaleza. Experimento el sol, pero nadie es dueño del sol. Experimento la brisa, pero la brisa no pertenece a nadie. Experimento el amor, pero nadie posee el amor. Las fuerzas naturales no pueden ser contenidas ni poseídas, y Jesús es una fuerza de la naturaleza.

El Jesús místico es un camino de conciencia, una vía para comprender cómo funciona el universo y cómo podemos sintonizar mentalmente con sus propósitos. El místico contemporáneo se guía por un radar interno que todos poseemos y que es, literalmente, un don divino. Sea cual sea el nombre que le demos a ese guía interior —conciencia, ética, pacto con Dios, la voz del Espíritu Santo o Jesús—, su sabiduría e iluminación son la salvación del mundo.

Cuando Jesús dijo «Mi reino no es de este mundo» se refería a eso exactamente: a que su reino no es algo externo, sino una región interna de la existencia que hoy conocemos como «psique». La suya es una mentalidad de amor que comparte con nosotros cuando se lo pedimos. Lo único de lo que tenemos que salvarnos es de la errónea creencia de que estamos separados y solos en un universo arbitrario y sin sentido, pues esa es la fuente de todo temor. Si podemos referirnos a Jesús como el salvador de la humanidad es porque nos rescata de una manera malsana de pensar la Tierra. Jesús nos guía hacia otra forma de pensar: es el constructor de otra clase de mundo.

El mundo es un reflejo de nuestros pensamientos. Por tanto, tenemos que empezar por salvarnos de nuestro propio pensamiento erróneo. La salvación del mundo reside en la reparación del pensamiento que domina la Tierra, un pensamiento arraigado en el miedo y que inevitablemente trae consecuencias nefastas. Los problemas del mundo no son sino síntomas de un problema más profundo: nosotros mismos y una mentalidad que nos atrapa en el infierno que hemos creado. Se trata de un pensamiento, basado en el miedo, que nos define como entes separados de todo: de algo más grande, de los demás y del mundo en general. Esta mentalidad es tan falaz como malsana. Vulnera al mundo porque rompe su esencia misma. Provoca un profundo sufrimiento porque choca frontalmente con la verdad de lo que somos en realidad. Para reparar el mundo es necesario que cambiemos de mentalidad. Para sanar el mundo debemos empezar por sanar nuestras almas heridas.

Es necesario que dejemos de comportarnos de manera tan violenta y destructiva hacia nosotros mismos, hacia los demás y hacia el planeta, porque está en juego la supervivencia de la humanidad. Nuestra conducta violenta se deriva de un pensamiento violento. Así pues, es nuestro pensamiento el que nos está matando. Pero ¿cómo podemos cambiar a estas alturas? ¿Alguien cree de verdad que la psicoterapia tradicional, la psicofarmacología o la teología van a salvarnos? «Una teología universal es imposible, mientras que una experiencia universal no es solo posible, sino necesaria»* (M.M., Clarificación de términos, Pref.), dice el *Curso*.

¿Y cuál es esa experiencia? ¿Qué cambio de pensamiento va a generar un cambio de conducta que desemboque en un mundo diferente? El camino espiritual no es más que el viaje del corazón, y a medida que el mundo se embarque en ese viaje, todo cambiará.

Hay muchos guías en ese viaje, y Jesús es uno de ellos. El Jesús místico no es una construcción teológica, sino una fuerza espiritual. Es una presencia interior mediante la cual podemos forjar una relación íntima con Dios, con nosotros mismos y con los demás. Se convierte en una experiencia real cuando practicamos los principios que constituyen el núcleo de su mensaje al mundo. Es un intermediario que actúa desde un sistema de pensamiento que supera al nuestro y un maestro con la capacidad de sanar a la especie humana.

Jesús nos ofrece un puente a otro tipo de pensamiento y deberíamos concebirlo más como un guía interior vivo que como un icono en las vidrieras. Nos recuerda quiénes somos y qué somos en realidad.

Se yergue en la brecha entre el yo neurótico, débil, temeroso y crítico, y el yo fuerte, poderoso e indulgente: el yo glorioso. Jesús puede guiarnos de uno al otro. Su mente, unida a la nuestra, puede borrar el miedo y esa identidad impregnada de temor que nos atormenta.

Esa es la revelación del Jesús místico. Él nos conducirá a través de la oscuridad de la mente hacia la luz que Dios puso allí y que no se puede apagar. El Jesús místico no es un ídolo. Es un Hermano Mayor evolutivo que no se impone a nadie pero que está a disposición de todos. El tema de esta obra es la noción de Jesús desde esta perspectiva, así como la persona que podemos llegar a ser cuando nuestros pensamientos están en armonía con los suyos.

En 1992 publiqué un libro titulado *Volver al amor*. En el capítulo dedicado al perdón, les decía a mis lectores que sabía muy bien hasta qué punto es difícil perdonar. ¿Por qué? Porque en cierta ocasión mi pareja me dejó plantada para ver los Juegos Olímpicos.

No bromeo. De hecho, no solo fue el ejemplo más extremo

de mis dificultades para perdonar que me vino a la mente en ese momento, sino que varias personas me confesaron que era la parte del libro que más les gustaba.

Oh, cuánta inocencia la mía. En aquella época todavía no había sufrido grandes desengaños ni me había engañado profundamente a mí misma. Me felicitaba por haber perdonado a alguien que solo me había dado plantón. No tenía la menor idea —todavía— de lo difícil que puede ser el perdón.

Con el tiempo, la vida hizo conmigo lo mismo que hace con todas las personas que viven el tiempo suficiente: mostrarse tal como es. Y he aprendido cosas que nunca habría aprendido si no hubiera conocido su cara más cruel. Descubrí que cada uno de mis errores —y cada uno de los errores ajenos— alberga un mecanismo reparador que algunos llaman gracia.

A medida que la vida se complicaba, empecé a darme cuenta de que es verdad lo que dicen: o te amargas o te vuelves mejor persona. Si nuestra reacción habitual ante el desamor del mundo es endurecernos y aislarnos, únicamente experimentaremos más dolor. Sucede así porque creamos las cosas de las que más nos defendemos y atraemos aquello que más tememos. Pero podemos elegir un camino mejor: podemos remplazar el miedo por amor. Nuestra seguridad no radica en vivir a la defensiva, sino en la apertura sin defensas. El amor perfecto es inexpugnable: no estamos creados para ser vulnerables al desamor propio o ajeno. Lo que nos protege de las tormentas de la vida no es investirnos de agresividad, sino de perdón. En lugar de luchar contra el mundo, podemos comprender que la victoria ya es nuestra. No tenemos por qué sentirnos más demacrados y cansados con el paso de los años. Si aceptamos la expiación y comprendemos que solo el amor es real, entenderemos que haríamos mejor en serenarnos. En cualquier momento podremos aceptar lo que es verdad.

Esa es la mentalidad de la iluminación, el don que nos ofrece el Cristo místico.

CAPÍTULO 1

El Jesús místico

Hace dos mil años se produjo un acontecimiento que cambió el mundo, por cuanto puso fin a una era de la civilización humana para dar comienzo a otra. El nacimiento, las enseñanzas, la crucifixión y la resurrección de un hombre, un judío llamado Jesús, han marcado el transcurso de la historia. En su nombre se han erigido algunos de los más grandes elementos de la civilización, pero también han surgido algunos de los peores. Él no se propuso fundar una Iglesia institucional y, sin embargo, apareció una que ha reivindicado durante siglos el monopolio de su figura.

Ahora, en este momento de cambio histórico, la humanidad debe cuestionarse todo lo anterior si quiere sentar las bases de un camino sostenible hacia el futuro. Hoy estamos revisando, transformando y renovando las interpretaciones, filosofías, leyes, conceptos, supuestos y maneras de ser que heredamos del pasado. Y es necesario. La especie humana ha llegado a un tramo del camino en el que la estrategia del menor esfuerzo nos conduce a la destrucción global, pues estamos atrapados en formas de pensar y de actuar enraizadas en la guerra: contra nosotros mismos, contra los demás e incluso contra la propia Tierra. Esos sistemas ya no funcionan. Pero están surgiendo nuevas maneras.

Puesto que la figura de Jesús es fundamental en la cosmovisión de millones de personas, explorar su identidad y su poder es relevante para replantearse el mundo. Para muchos, el Jesús del cristianismo tradicional resulta un tanto rancio, mientras que el Jesús místico ofrece un poder puro, transformador y muy moderno. Ahora bien, el camino místico es el camino de la psique, y es precisamente en ese ámbito en el que tenemos las manos más atadas. Las ataduras no son cadenas externas, sino la ignorancia espiritual, que nos impide entender qué somos y por qué estamos aquí. Pero Jesús es la llave que abre nuestra prisión interna. Y no carece de validez práctica, sino todo lo contrario: Jesús como figura mística tiene la capacidad de hacer añicos las entelequias de falta de sentido que nos acosan. Lejos de caer en la insignificancia, cuando le sustraemos el filtro de siglos de interpretaciones prefijadas, la luz de su modernidad resulta casi deslumbrante. En palabras de san Agustín, es «belleza siempre antigua, siempre nueva».

Nació hace dos mil años, pero apenas hemos empezado a comprenderlo en sentidos muy reales.

Según el siglo XXI avanza imparable, la desesperación colectiva no deja de aumentar. Desde el cambio climático hasta las guerras, pasando por el auge del autoritarismo, la era que se perfila ante nosotros, más que prometer un futuro brillante, parece exigirnos que paguemos los errores del pasado. Imprudencia medioambiental, imperialismo militar y económico, autoritarismo desenfrenado... Los pecados cometidos nos oprimen como pagarés que hubieran vencido de golpe. La humanidad se siente abrumada por sus deudas kármicas, como si sencillamente fueran excesivas para saldarlas y el castigo fuera inevitable.

Es una manera de verlo, desde luego.

No obstante, la realidad es que la humanidad tiene la capacidad de decidir en buena parte lo que sucederá a partir de ahora. Se perfilan ante nosotros dos futuros diametralmente opuestos: o bien el sufrimiento inconmensurable de una civilización humana en continuo declive, o bien el advenimiento de un nuevo mundo que se esfuerza por nacer. El primero es un planeta sumido en la destrucción global, el segundo es un renacimiento universal. Las dos opciones son posibles: de hecho, las dos están sucediendo ahora mismo.

El declive global es la consecuencia de la avaricia y el desamor que arrastra la humanidad, de hacer las cosas como las venimos haciendo. La posibilidad de renacer surge de nuestro eterno anhelo de bien y de verdad, y de nuestra voluntad de cambiar radicalmente. El primero profana la membrana de la vida, mientras que la segunda la apoya y se sincroniza con ella. Desde el cambio climático hasta las amenazas nucleares y militares, cada vez más acuciantes, el mundo en declive se deteriora con rapidez, mientras que el mundo emergente se despliega con demasiada lentitud. Ahora mismo afrontamos una frenética carrera contra reloj.

Este libro trata del milagro del cambio transformador, de cómo liberarnos de la propensión psicológica a pensamientos y conductas autodestructivas. Se trata de un cambio profundamente religioso, pero también profundamente psicológico. Como dice *Un Curso de Milagros*, la psicoterapia y la religión, en su mejor versión, vienen a ser lo mismo. Ambas buscan la sanación de la mente a través de una reconexión de mente y corazón que reequilibre la psique y sane la vida. El Jesús místico constituye el núcleo de este cambio. Es un catalizador celestial, un proceso por el que podemos saltarnos los límites de nuestra etapa evolutiva actual y convertirnos en las personas que tenemos que ser si queremos salvar el mundo a tiempo.

¿A ti te ha salvado JESÚS?

Hace décadas, mientras paseaba con mi novio por Central Park un día de sol radiante en Nueva York, se nos acercó una de las personas que por entonces se conocían como los «fanáticos de Jesús».

—Hermana —me dijo en tono suplicante, con suma seriedad—, ¿Él te ha salvaaaado?

En esa época, yo llevaba un tiempo estudiando *Un Curso de Milagros*.

—Bueno —dije lentamente—. Depende de a qué te refieras con eso. Si me preguntas si un poder superior me ha salvado de los pensamientos locos y neuróticos que, en caso contrario, se comportarían como fuerzas tóxicas que destruirían mi paz mental, supongo que sí, podría decirse que me ha salvado. —Asentí con aire de entendida—. En un sentido psicológico, claro.

—Pero ¿te ha salvado JESÚÚÚS?

—Me formulas una pregunta muy interesante —le dije—. Porque si piensas que Jesús es de hecho una personificación del Amor, una energía hecha de conciencia que constituye la Realidad suprema en mí y en todos los seres humanos, supongo que sí, que Jesús me ha salvado. A ver, ¡me cambió la vida por completo! Pero si te refieres a la figura doctrinal y dogmática de la religión institucionalizada, tendría que decir que no, en realidad no, porque...

Nuestro nuevo amigo se había quedado patidifuso, casi como si hubiera visto un fantasma. Recuerdo que mi novio me agarró del brazo y me dijo:

—Marianne, sigamos paseando.

El joven con el que charlamos aquel día se refería a algo muy distinto de la salvación de la que yo hablaba. Él había encontrado a Jesús en un contexto institucionalizado. Su Jesús estaba confinado a los estrechos límites de una interpretación dogmática concreta.

Yo encontré al mío en *Un Curso de Milagros.* Y en Christie's...

En 2017 vivía en Nueva York y recibí una llamada de mi amiga Maria. Me dijo que una conocida suya trabajaba en Christie's, la casa de subastas, donde en esos momentos tenían expuesto el *Salvator Mundi* de Leonardo da Vinci. ¿Me gustaría verlo?

Esa mañana había leído sobre el cuadro. Al parecer, un misterioso comprador acababa de adquirir esa pintura de Cristo, que los expertos atribuían al mismísimo Leonardo da Vinci. La obra se podía ver en Christie's, pero la retirarían por la tarde.

Yo sentía curiosidad y le agradecí a Maria que me hubiera llamado. Quedamos en la casa de subastas, donde su amiga nos acompañó a la breve cola de personas que todavía esperaban para echarle un vistazo al cuadro antes de que se lo llevaran. Charlamos con la misma despreocupación que si hubiéramos ido a visitar cualquier museo o galería... hasta que tuve la pintura delante.

Me quedé sin habla al momento.

La pintura representaba a Jesús vestido con los ropajes azul ultramar del Renacimiento. Con la mano derecha impartía una bendición y con la izquierda sostenía una bola de piedra cristalina que representaba las esferas celestiales. Contemplé el cuadro, y era hermoso, desde luego, pero mientras lo miraba sucedió algo misterioso: la pintura se transformó en otra cosa.

Nunca había vivido una experiencia como esa. Había visto *La Gioconda* de Leonardo, y la *Piedad* y el *David* de Miguel Ángel, además de muchas otras obras de arte excepcionales. He visitado algunos de los museos más importantes del mundo. Pero jamás había visto nada parecido a lo que vi ese día. De algún modo me sentí transportada a otra dimensión. El *Salvator Mundi* se convirtió en una especie de umbral a lo que había detrás, a la figura de Jesús en un plano desconocido. Vi algo que ni siquiera sabía que existiera.

Tal vez parezca una tontería, pero experimenté palabras. Fue como si me hubieran transportado al interior de dos vocablos, que no eran meras voces, sino ámbitos de experiencia. Las palabras en sí eran sencillas: *ternura* y *poder*.

Comprendí que Jesús es ambas cosas en un grado infinito. Es una dulzura más tierna que todos los bebés del mundo y, al mismo tiempo, una energía poderosísima, capaz de crear y ordenar universos enteros. No sé cómo puede existir algo así, pero yo lo vi cuando contemplé *Salvator Mundi*.

Me quedé a solas con el cuadro, fui la última persona que lo vio antes de que llegara el personal encargado de llevárselo. Maria y yo salimos de Christie's, pero yo seguía pensando en el cuadro y en mi experiencia al contemplarlo. Sentía curiosidad por saber quién era el misterioso comprador, y empecé a buscar información en internet. «¿Quién sería el ser humano que tenía ese tesoro en su poder?», me preguntaba.

Un par de horas más tarde se hizo pública la identidad del comprador, y me quedé de piedra. Era Mohamed bin Salmán, el dictatorial príncipe heredero de Arabia Saudí que pronto se vería implicado en el presunto asesinato de Jamal Khashoggi. Bin Salmán había comprado el cuadro por 450 millones de dólares como pieza central del nuevo Louvre de Abu Dabi.

Todo me parecía horrible. ¿Cómo era posible que Bin Salmán, precisamente, fuera el comprador? ¿Cómo era posible que un salvaje dictador comprara una joya de valor incalculable? Un rato después lo vi desde otra perspectiva. ¿Qué lugar mejor que ese para que ejerciera una influencia aún más poderosa? No era horrible, sino muy adecuado. Al fin y al cabo, Jesús es el *Salvator Mundi.* ¿En qué otro lugar querría estar, y con quién, el Salvador del mundo?

En Su Nombre

Con tantas iglesias que se han erigido y tantas guerras que se han librado esgrimiendo a Jesús, ¿cómo es posible que haya tan poco amor en su nombre? Si alrededor de un tercio de la humanidad profesa devoción a Jesús de Nazaret, ¿por qué el mundo es un lugar de inmenso pesar y violencia para tantos de sus habitantes?

El problema no es Jesús: el problema somos nosotros. La gente lo alaba, abraza su fe y construye edificios para honrarle. Sin embargo, el mundo sigue sumido en la oscuridad espiritual. Miles de millones de personas dicen creer en Jesús, pero las creencias no significan nada si no se vive la experiencia. Lo que el mundo anhela ahora es una manifestación más profunda de su amor.

«Ha llegado el momento de inyectar una nueva dimensión de amor en las venas de la civilización humana», dijo el reverendo Martin Luther King. Esa nueva dimensión es un amor místico y universal que debe brotar del corazón e iluminar la mente. Recurrir a Jesús es una forma de invocar ese amor.

Para entender la aparición de este Jesús místico es conveniente retroceder en el tiempo. Así podremos comprender mejor cómo se oscureció esa luz.

Tras la muerte de Jesús, se desarrollaron dos grandes corrientes de pensamiento en torno a su vida y sus enseñanzas. Una llegaría a conformar la Iglesia cristiana eclesiástica. Esta tradición se centra en la doctrina y el dogma, así como en la necesidad de que la Iglesia supervise y guíe nuestra relación con Dios. Dicha arteria representa una orientación externa, o exotérica, según la cual la Iglesia constituye el umbral material, y el guardián, de nuestra manera de pensar la realidad espiritual.

Una segunda arteria, a menudo rechazada por las Iglesias cristianas tradicionales, nunca ha dejado de ejercer atracción sobre el corazón humano. Místicos como santa Teresa de Jesús, Juliana de Norwich, el Maestro Eckhart, Teilhard de Chardin, los santos celtas y los evangelios gnósticos contenidos en los manuscritos de Nag Hammadi han arrojado luz sobre las enseñanzas de Cristo desde una relación íntima con la divinidad y no desde las doctrinas externas de una Iglesia organizada. Las enseñanzas místicas ofrecen un camino interno o esotérico: una vía espiritual hacia una idea más mística del sentido profundo de la vida. Aunque a lo largo de la historia muchos han valorado a los místicos, estos con frecuencia se han visto empujados a la clandestinidad, tanto en sentido literal como figurado. En ocasiones se los ha marginado e incluso rechazado con violencia por su negativa a someterse al afán de poder y control de la Iglesia.

El conflicto entre estas dos corrientes se ha prolongado durante siglos, a veces de manera brutal, a veces sutil, y en cierto modo todavía pervive. El Jesús místico que hoy cobra fuerza nace de nuestra conciencia colectiva como respuesta a la necesidad moderna de sanar la mente y el corazón, un anhelo que no colma la doctrina religiosa por sí sola. *Un Curso de Milagros* forma parte de ese antiguo legado místico y es particularmente relevante en una época, la nuestra, en la que descifrar la naturaleza de la psique y de la totalidad del universo constituye un aspecto central de nuestra búsqueda de sentido.

El Jesús místico es un aspecto de la conciencia y está vivo en cada uno de nosotros, no como una abstracción, sino como una experiencia vivida. La oscura noche que vio nacer al Niño Jesús en Belén representa en gran medida la oscuridad del mundo moderno e, igualmente, la estrella que anunció su nacimiento simboliza el nacimiento de algo nuevo en nosotros.

La arrogancia nos lleva a pensar que en los últimos dos mil años han cambiado muchas cosas, pero en algunos aspectos fundamentales seguimos siendo los mismos. La humanidad continúa dando tumbos entre tinieblas. Basta con observar el alarmante aumento de los homicidios y el suicidio entre los jóvenes, el hecho de que la propia Tierra parece desplomarse bajo el peso de nuestros abusos o las armas que hemos creado, preparadas para incinerarnos a todos en el transcurso de una hora, para saber que las cosas no van bien.

El salvajismo y la barbarie del pasado se reproducen de manera espeluznante en el mundo actual, mientras que nuestras mentes permanecen atrapadas en un cepo del que aparentemente no pueden escapar. Ni todo el talento del que ha disfrutado el mundo a lo largo de la historia ni los conocimientos intelectuales ni la pericia de nuestras mentes más brillantes nos han salvado. El poder del cerebro es extraordinario, pero por sí solo no nos va a salvar de nosotros mismos. Únicamente el corazón puede hacerlo.

El Jesús místico significa una conexión más profunda de la mente con el corazón, una que reoriente la inteligencia humana y nos recuerde lo que somos. Jesús fue una figura histórica, como bien sabemos, pero también trasciende la historia. Habitó entre nosotros en su forma humana hace dos mil años y hoy sigue presente como espíritu en nuestra psique. Su nombre define el amor inmutable que todos compartimos, del que fuimos creados y a través del cual todos somos uno.

¿Qué es el Cristo?

Intenta recordar un momento de tu vida en el que experimentaste una intensa felicidad. ¿No te dio la impresión de que todo sentimiento de separación respecto al mundo o los demás seres humanos había desaparecido? Ya estuvieras haciendo senderismo por la naturaleza o navegando en alta mar, presenciando el nacimiento de un niño o entre los brazos de un ser amado, ¿no sentiste que estabas atisbando cómo debería ser la vida?

Todo ser humano conserva un recuerdo persistente de la unidad primordial, semejante a una antigua melodía que no puedes quitarte de la cabeza. «El recuerdo del hogar sigue rondándote, como si hubiera un lugar que te llamara a regresar, si bien no reconoces la voz, ni lo que esta te recuerda»* (L.E., Lección 182). Es una canción que nos obsesiona, de cuya melodía no podemos escapar. Y hacemos todo lo posible por recordarla.

Recurrimos a las drogas, al alcohol, al sexo, a las compras, a cualquier actividad que nos ofrezca una escapatoria de la monotonía de nuestra existencia humana, aunque sea momentánea. Sabemos, a algún nivel, que el mundo tal como lo conocemos no es el que queremos habitar. Sucede porque este mundo no es nuestro hogar espiritual: sus raíces no son lo bastante profundas para sostenernos. Venimos de algún lugar situado más allá de este mundo, de un océano de pura dicha que es la Mente de Dios. En esa dicha primordial fuimos creados y a esa dicha primordial ansiamos retornar. La desconexión de ese estado del ser nos sume en un estado de histeria y dolor crónicos, aunque sea inconsciente. Nos persigue el ansia de recordar lo que somos.

Dios es un océano infinito de Amor, no en un sentido figurado, sino literal, del que formamos parte y del que no podemos separarnos. Somos ideas de Su Mente, y «las ideas no abandonan su fuente»* (L.E., cap. 26, VII). Tenemos la capacidad de olvidar lo que es verdad, pero no tenemos la capacidad de establecer lo que es verdad. Somos como los hijos de un padre infinitamente rico y poderoso que han olvidado su identidad y la herencia que esta conlleva. Vagamos sin cesar en busca de algo que no se puede encontrar, solo percibir y comprobar.

El mundo tal como lo conocemos perpetúa nuestro olvido, pues altera sin cesar nuestra relación con Dios interfiriendo en nuestra relación con los demás. Como no somos capaces de recordar a Dios, no nos recordamos a nosotros mismos y, al no recordarnos a nosotros mismos, no nos recordamos los unos a los otros. El mundo nos enseña que estamos separados de Él y de Aquello de lo que depende nuestra misma existencia. Nos enseña que somos algo que no somos y que no somos lo que somos en realidad. Nos enseña que el mundo carece de sentido, cuando en realidad nosotros constituimos su sentido. Nuestras almas están heridas y nuestra condición de seres heridos nos provoca sufrimiento.

En consecuencia, la sanación requiere que recordemos quiénes somos.

No somos meros cuerpos que mueren, sino espíritus que viven por siempre. No somos una mera acumulación de experiencias terrenales, algunas buenas y otras malas, sino una bondad inalterable que habita eternamente en el núcleo de nuestro ser. Y gracias a la presencia de Dios en nosotros, el amor nos hace infinitamente poderosos.

Cuando abandonamos este sentido burdo y delirante del yo para desplazarnos a un sentido trascendente, todo se transforma. La iluminación es un cambio en la percepción de uno mismo: de la identificación con el cuerpo a la identificación con el espíritu, que allana el tránsito de la oscuridad espiritual a la luz del espíritu. En el plano material, el mundo nos pesa; en el plano espiritual, nos elevamos por encima del mundo. En el plano material, estamos separados, mientras que en el plano espiritual somos uno.

Imagina una rueda con un número de radios infinito. Ahora imagina que cada persona del mundo es un radio. Por lo general, identificamos los radios por el lugar que ocupan en la rueda, separados de todos los demás.

Sin embargo, nuestra verdadera identidad no es la posición en la rueda. Nuestra realidad espiritual es el nacimiento del radio en el centro. Allí, en una fuente mística que es a la vez principio y final, somos uno con todos los otros radios. Uno de los nombres que le damos a esa fuente, a la unidad mística, es el de Cristo. Hablar del Cristo es hablar de nuestra Realidad suprema, del fundamento espiritual de lo que somos en verdad.

Si yo profundizo lo suficiente en mi mente y tú en la tuya, descubriremos que nuestro inconsciente colectivo comparte ciertas imágenes mentales, que Carl Jung denominó «arquetipos universales». La idea de la mente del Cristo va un paso más allá. En el nivel más profundo, no solo compartimos imágenes, sino que compartimos una mente. Ese es el significado esotérico de la frase «un solo Hijo engendrado». En el plano del cuerpo, somos miles de millones en este planeta. En el plano del espíritu, todos somos uno.

Para los cristianos tradicionales, Jesús, el hombre, era el único Hijo engendrado. Para el místico, el Hijo no es un solo hombre, sino la unión de todos nosotros. Es la creación de Dios, a través de la cual estamos eternamente unidos con Dios y entre nosotros, inseparables salvo en la ilusión de la mente. A través de los sentidos físicos percibimos un mundo de separación, mientras que a través del corazón percibimos que todos somos uno y el mismo. Y el espejismo de la separación no solo es un engaño, sino que nos causa gran dolor. Únicamente encontramos verdadero consuelo en la verdad del corazón.

Cuando empecé a estudiar el *Curso* tenía poco más de veinte años. La veintena es una década sumamente complicada para muchas personas. Un despertar a menudo brutal a las realidades del mundo moderno remplaza la inocencia de la infancia, lo que causa una angustia en la psique que puede llegar a ser extrema. Esa ansiedad no siempre es una respuesta disfuncional a la locura de nuestro tiempo, sino más bien una reacción del todo funcional. Se trata de una llamada al despertar espiritual. Igual que el malestar físico nos indica que debemos atender un problema corporal, el dolor psíquico con frecuencia indica que hemos de ocuparnos de una herida espiritual. Todos, en un momento u otro, recibimos una llamada desde lo más profundo del alma que nos urge a recordar lo que somos y por qué estamos aquí. Somos amor y estamos aquí para amar. Somos mente, y en el plano de la mente somos uno. Todo lo demás es información falaz.

El mundo en el que vivimos atomiza nuestra existencia. Lo convierte todo en mercancía y a cada persona en consumidor. Está dominado por fuerzas desalmadas que pretenden desmitificar el misterio último de la vida. Atrapa nuestra psique en jaulas mentales, filtros a través de los cuales hemos aprendido a percibirnos a nosotros mismos y a los demás de maneras equivocadas. Esos filtros nos impiden vislumbrar un sentido superior. Nos impiden ver la trascendencia. No ofrecen un bálsamo para el alma.

El viaje a la iluminación no es un aprendizaje, sino un desaprendizaje: requiere desaprender las restricciones sistémicas que nos han encasillado y nos han robado la alegría. El desaprendizaje nos permite comprender que somos algo más que seres materiales, atrapados en los confines de nuestra existencia mortal. Como creaciones de Dios, somos mucho más. La palabra *Cristo* se refiere a ese «mucho más»: es nuestro yo superior, nuestra realidad espiritual, la vida que trasciende las limitaciones del cuerpo.

Pensar que nuestra existencia se limita a este ser físico es solo una ilusión. Del mismo modo que un avión que abandona el suelo parece hacerse más pequeño a medida que asciende hacia el cielo, del mismo modo que la Tierra parece inmóvil, aunque se desplace a miles de kilómetros por hora, y del mismo modo que la materia está formada por minúsculas partículas que no podemos ver a simple vista, la realidad del yo espiritual, aunque no la podamos ver con nuestros ojos físicos, constituye nuestra realidad última. Cristo es el yo interior que, en apariencia, vive atrapado en las ilusiones del mundo. Recordarlo es una forma de «salvación», porque nos protege del espejismo de esta existencia material.

La Luz en la que fuimos creados y por la que somos uno con Dios y con los demás es real, lo creamos o no, igual que la Tierra es esférica, aunque muchos creyeran que era plana. Somos personas en una habitación inundada de luz que se tapan los ojos y se quejan de la oscuridad. El ego no es sino la falsa creencia de que somos entes aislados. Es una quimera que se perpetúa a sí misma y que nos encadena a repetidas percepciones erróneas de nosotros mismos y de los demás. La iluminación es el proceso por el cual nos liberamos de esas cadenas y, al hacerlo, contribuimos a liberar a los demás.

La iluminación comienza como un concepto abstracto y luego la experiencia se desplaza en un viaje sin distancia de la cabeza al corazón. Obviamente, nos parece «real» el hecho de que alguien nos trate con crueldad o mezquindad, que nos rechacen o no ser capaces de conseguir algo que deseábamos de todo corazón, o el fracaso de una relación. También nos parece «real» que asesinen a personas inocentes, que haya guerras injustas y que la gente muera de hambre. Esas cosas son reales en nuestra experiencia mortal y no debemos darles la espalda. Sin embargo, tales hechos dolorosos ocurren en un mundo que constituye en sí mismo un velo frente a una verdad más auténtica: un mundo tridimensional que, si bien es real en cierto sentido, no constituye nuestra Realidad última. Son las manifestaciones de una humanidad que ha olvidado su verdadera naturaleza e irán cambiando a medida que despertemos y recordemos.

¿Acaso algunos de nosotros, según avanza el nuevo milenio, puede obviar que el mundo tal como lo conocemos va mal en un sentido fundamental, como demuestran no solo nuestras vidas individuales, sino también nuestra relación con el planeta? ¿Hay alguien que no se dé cuenta de que las muestras constantes de violencia y destrucción constituyen síntomas de un desasosiego más profundo? ¿Hay alguien que no esté buscando de un modo u otro un propósito más elevado, un sentido más profundo y una transformación del sentido del yo?

Tales preguntas marcan el comienzo de la búsqueda espiritual. Y una vez que empieza, el camino se abre ante nosotros. Cuando buscamos en lo más profundo del corazón una vía para superar la locura del mundo, se nos guía —a menudo en círculos, siempre misteriosamente— hacia algo que abre la puerta interior.

Jesús, en su dimensión mística, es uno de los nombres de esa puerta. Es alguien cuya mente se depuró de todo pensamiento de separación o ilusión, y que tiene la potestad de Dios para ayudarnos a los demás a alcanzar ese mismo estado, si se lo pedimos. Jamás sucumbe a los encantos del ego, y con su ayuda podemos aprender a no ceder a ellos. Como la puerta está abierta en su interior, tiene el poder de ayudarnos a abrirla. No es el único camino que lleva Dios pero, si es el tuyo, te darás cuenta. Jesús es un Maestro Interno, un guía evolutivo que nos devuelve a esa unidad primordial que nuestras almas tanto anhelan. Le llamamos Jesucristo porque vivió en el mundo de la ilusión y, sin embargo, recordaba una verdad superior. Percibió este mundo, pero lo trascendió. Exteriormente, habitó el plano material, pero por dentro vivía en el espiritual. En él, Jesús y el Cristo se tornaron uno.

Puesto que todas las mentes están unidas, la evolución espiritual está al alcance de todos. Recordando al Jesús místico, recordamos quiénes somos y quiénes son los demás respecto a nosotros. Cuando recurrimos a él, estamos recurriendo a nuestro verdadero yo, cuyo recuerdo nos salva del pensamiento engañoso que nos atormenta.

Todas las falsas creencias surgen de la errónea percepción de que estamos separados. Los pensamientos de separación son como sombras que oscurecen el Sol y nos mantienen en la oscuridad emocional. Nos creemos peores que los demás, o mejores; pensamos que nos juzgan o juzgamos a otros; atacamos y nos defendemos en un bucle crónico que se autoperpetúa. Vivimos en el infierno constante de creer que somos seres aislados, cuando de hecho somos inseparables. Anhelamos el amor, anhelamos el sentimiento de unidad primordial, y sin embargo pensamos y nos comportamos una y otra vez de maneras que perpetúan la sensación de separación.

La culpa es la herramienta más poderosa del ego, y el dolor que nos provoca es su experiencia cumbre. Jesús es la cuerda que nos sacará de un insondable pozo de ansiedad, la vía de escape del infierno que implica odiarse a uno mismo. Al enseñarnos a perdonar a los demás, Jesús nos muestra cómo amarnos a nosotros mismos.

Trata a los otros como te gustaría que te trataran a ti, dicta la regla de oro. Porque el trato que les das te lo estás dando a ti mismo. Por esa razón la consideramos el gran principio moral: lo que yo piense de ti lo estoy pensando de mí; el trato que te dispense a ti me lo estoy dispensando a mí.

En un reino situado más allá de nuestra percepción sensorial, no hay frontera entre tú y yo. Si te juzgo, me juzgo a mí mismo; si te ataco, me ataco a mí mismo. Todo lo que te doy lo recibo yo a mi vez. Cuando somos conscientes de esta Verdad superior, las ideas sobre una identidad propia y necesidades en conflicto se disuelven en la nada de la que proceden. Cuando comprendemos que espiritualmente todos somos uno y el mismo, empezamos a ser «generosos en interés propio»* (M.M., cap. 4, VII). Nuestra percepción se ajusta y el sentido de responsabilidad hacia los demás se transforma.

Es así de sencillo. Qué fácil es decirlo y qué difícil ponerlo en práctica.

Los espejismos del mundo son poderosos y no hay ninguno

tan potente como la percepción de que alguien tiene la culpa de algo. En un plano teórico, es fácil aceptar que más allá del error de una persona está la bondad de su alma, pero, caray, que difícil es asumirlo en la práctica. En ocasiones, percibir la bondad de una persona supera nuestra capacidad humana.

Si se lo pedimos, Jesús tiene la potestad de entrar en nuestras mentes y compartir con nosotros su capacidad de amar sin condiciones. En ocasiones resulta sencillo tomarse las cosas con calma y quitarle importancia a algo. Pero otras veces no es tan fácil: cuando alguien nos traiciona, por ejemplo, o reabre las heridas más profundas de nuestra infancia. En esos momentos tenemos la sensación de que haría falta un milagro para que fuéramos capaces de perdonar. El Jesús místico es ese milagro. «Tu mente y la mía pueden unirse para hacer que se desvanezca tu ego con su luz, liberando la Fuerza de Dios para que reverbere en todo lo que piensas y haces»[*] (T., cap. 4, IV).

Él no puede entrar en nuestro sistema de pensamiento si no le invitamos, porque eso vulneraría el libre albedrío. Pero si dedicamos un momento, por breve que sea, a pedirle ayuda, «responderá de lleno a tu más leve invitación»[*] (T., cap. 5, VII). Está autorizado por Dios para socorrernos en cualquier instante en el que estemos dispuestos a ver más allá de la separación. Aunque las buenas intenciones no bastan, la voluntad lo puede todo. Cuando albergamos una disposición sincera a trascender el velo de la ilusión —a ver más allá del reparto de culpas que tanto nos gusta— y percibir la verdad inocente que constituye nuestra esencia, experimentamos un cambio de percepción. Ese cambio es un milagro que modifica nuestro sistema de pensamiento y, en última instancia, transforma nuestra vida.

Supongamos que estás discutiendo con una persona querida. Esta te ataca y tú te defiendes, o viceversa. Pero tú estás convencido de que tienes razón, como es habitual en estas situaciones. La rueda del sufrimiento gira y gira hasta clavarte en la cruz de tu propia desdicha y destruir el tejido de tu relación. En la actualidad contamos con un sinfín de términos para definir lo que está ocurriendo, desde trauma hasta victimización, pasando por trastorno de estrés postraumático o narcisismo. Y es posible que sea todo cierto, y tal vez haya que analizar qué está pasando. Pero ninguno de esos términos, ningún análisis ni diagnóstico te va a librar del infierno de tu propio sufrimiento si no eres capaz de encontrar el camino al perdón. Porque cada vez que nos aferramos a la culpabilización, nos estamos aferrando a la propia culpa. La voluntad de vislumbrar la bondad del otro —ampliando nuestra percepción más allá del plano de su error para entender quién es en realidad— alberga el perdón que nos puede liberar.

Detente un momento. Haz el esfuerzo de interrumpir lo que, a estas alturas, podría ser un intercambio destructivo. Respira hondo y recuerda que «más allá de este mundo hay un mundo que deseo»* (L.E., Lec. 129): una Realidad que trasciende este mundo. En silencio, bendice a la otra persona. Quizá podrías reconocer mentalmente tu papel en el absurdo de vuestra conducta. Si le pides a Jesús que te ayude, lo hará. Dile que estás dispuesto a mirar a esa persona como Él lo hace: a aceptar su bondad y la tuya. Quédate en el instante, envía amor, reza por un milagro y observa lo que empieza a suceder. La oración es el vehículo de los milagros*(T., cap. 1, I) y nunca queda desatendida.

Querido Dios:
Te ruego que me enseñes a mirar esta situación
desde otra perspectiva.
Ayúdame a ver más allá de los espejismos del mundo.
Estoy dispuesto/a a asomarme a la bondad de esta persona,
y estoy dispuesto/a a ver la mía.
Querido Dios, ahora mismo mi perturbación es tal
que no me siento capaz de trascender mis sentimientos
de afrenta o herida,
pero quisiera hacerlo.
Que la mente de Jesús eclipse la mía
y me eleve a sus alturas
para poder ser libre.
Amén.

Cuando lo hagas, empezarán a producirse transformaciones sutiles. Algunos sentimientos se verbalizarán y otros no. Las cosas cambiarán. Todas las mentes están unidas y, en un plano subconsciente, la otra persona habrá notado tu bendición. Al renunciar a juzgar, te liberas. No necesitabas darle más vueltas a la situación. Necesitabas un milagro. Y se te ha concedido.

El mundo tal como lo conocemos está dominado por el sistema de pensamiento del ego, que puede tener una fuerza abrumadora. Funciona como un misil térmico, pendiente en todo momento de la más mínima prueba de la culpabilidad de otra persona. ¿Por qué lo hace? Porque mientras yo piense que tú eres culpable —de cualquier cosa, por mínima que sea— no seré capaz de ver que tú y yo somos lo mismo. Y sentiré un dolor que, en mi ignorancia espiritual, atribuiré a algo que tú has hecho, cuando mi dolor se debe en realidad a que niego tu inocencia, pues al negar tu perfección estoy negando la mía.

El libre albedrío nos permite hacerlo a diario, y casi todos caemos en ello en alguna medida. Atacamos, juzgamos, nos defendemos, nos aferramos... Y en el proceso desviamos el amor, que es nuestra herencia natural. «A la larga, todo el mundo empieza a reconocer, por muy vagamente que sea, que tiene que haber un camino mejor. A medida que este reconocimiento se arraiga, acaba por convertirse en un punto decisivo en la vida de cada persona»* (T., cap. 2, III). Jesús, en su dimensión mística, es exactamente eso. Considéralo un camino mejor. Lo mejor que podemos hacer cuando algo nos atormenta es decirnos lo siguiente: «Estoy decidido a ver las cosas de otra manera»* (LE-Lec. 21). Nuestro mayor poder para cambiar el mundo reside en la capacidad de pensarlo de otra forma.

El Jesús místico es un puente de percepción entre lo que somos cuando el ego nos domina y lo que somos cuando volvemos al seno de Dios. Él nos ayuda a cruzar el río cuando estamos demasiado cansados para seguir adelante. No está por encima de nosotros, pero nos precede en el tiempo y, como un guía amable que tiende la mano a un niño torpe, nos levanta por encima de las rocas.

Jesús cierra la brecha entre nuestro yo real y aquello que con demasiada frecuencia creemos ser. Cuando pensamos y nos comportamos de maneras que traicionan a nuestro verdadero ser —cuando estamos instalados en reacciones basadas en el miedo y en heridas del pasado—, Él rellena la brecha entre nuestra realidad eterna y el yo falso y fractal que la sustituye. No puede hacerlo si no le invitamos, pues el libre albedrío está por encima de todo, pero siempre responde a la llamada.

Por el hecho de haber ascendido a las inmensidades del amor puro, Jesús ha adquirido la potestad de anular los dictados del ego. Por el hecho de haber alcanzado la plena realización, tiene el poder de interceder por nosotros cuando el miedo ha pirateado nuestro sistema interno y nos oculta lo que somos en realidad.

Cuando le preguntaron a Miguel Ángel cómo creaba sus esculturas, el artista explicó que, ante un bloque de mármol, se imaginaba que la estatua ya existía en el interior de la piedra. El propio Dios había creado el *David*, el *Moisés*, la *Piedad* o tantas otras. Para Miguel Ángel, el trabajo de escultor consistía en eliminar el exceso de mármol que rodeaba la estatua perfecta ya existente.

Somos la estatua oculta en el mármol y también el escultor. Escondida en el interior de la piedra está la verdad de nuestro ser. Dios nos creó a todos perfectos, incluidos tú y yo, porque somos pensamientos de Su Mente. Nuestra misión es deshacernos del mármol que venimos acumulando desde que llegamos a este plano, librarnos de todas las capas de disfunción y miedo que arrastramos a consecuencia de nuestra exposición al dolor del mundo.

Entonces estaremos «desnudos y no nos avergonzaremos», porque nos habremos despojado de las capas de miedo y falsedad que ahora envuelven a nuestro verdadero yo. Igual que la placa arterial se acumula y disminuye el flujo sanguíneo al corazón, cierta placa mental se acumula en nuestra psique. Nuestro objetivo espiritual debería ser desaprender el miedo que almacenamos en la mente para poder recordar la bondad y el amor que somos en realidad.

Igual que nuestro verdadero yo es la estatua contenida en el mármol, Jesús es el escultor que trabaja con nosotros para sacarlo a la luz. Si pudieras desprenderte del miedo, la ira, la neurosis, la ansiedad, los defectos del carácter, los juicios, las adicciones, la coraza, las defensas, los pensamientos agresivos y la victimización, solo te quedaría una cosa: tu verdadero yo. Y ese es el Cristo interior.

Jesús es aquel que devino su verdadero yo. Él es el potencial realizado de lo que podemos llegar a ser. Él es el molde y el guía del yo que querríamos ofrecer al mundo. Jesús es un ejemplo, un maestro y un don. Es un poder místico que puede llevarnos de vuelta a casa.

La única historia jamás contada

La vida de Jesús es una especie de holograma que nos revela los secretos del universo. Cuanto más penetramos en los misterios de su vida, mejor entendemos los nuestros. La historia del espíritu es la historia de la psique, no solo de la suya, sino también de la nuestra. El nacimiento de Jesús, su vida, su crucifixión y resurrección no constituyen únicamente cuestiones de la religión exotérica, sino también códigos, pistas e indicadores de un tipo diferente de existencia. No se trata de meras metáforas: son principios que activan una realidad que trasciende este mundo.

Más allá de este mundo hay uno que deseamos, un mundo al que no podemos asomarnos con los ojos físicos, porque requiere visión interior. Ese mundo es una realidad eterna que permanece invisible porque está eclipsada, velada por una perspectiva del mundo egoica y basada en el miedo.

La realidad al otro lado del velo es un reino de amor infinito, la verdad única y suprema, la Mente de Dios. No lo vemos a simple vista porque está oculto desde nuestra perspectiva terrena. Ahora bien, somos nosotros mismos quienes lo velamos, y lo hacemos a través de los pensamientos. Nos hemos privado de la capacidad de ver ese mundo porque negamos que esté ahí.

La luz que buscamos no es algo que se pueda encontrar, sino algo que se debe elegir; no es algo que podamos conseguir, solo algo que podemos dar. No se trata de otro lugar, sino de otro ámbito de percepción. Es la vida tal como la conocemos, pero transformada por el amor.

La apertura del ojo interior no es algo meramente simbólico: sucede cuando el velo desaparece y somos capaces de ver. Mi ojo interior se abrió durante un breve instante cuando contemplé el *Salvator Mundi.* Vislumbré otro mundo en toda su ternura y poder. Era un mundo concebido a través del perdón, en el cual la voluntad de bendecirnos unos a otros era mucho más intensa que la tentación de culpar a los demás, y donde el poder de un amor infinito proscribía el poder del temor.

El Jesús místico expulsa el miedo, rompiendo así la cadena de maldad y devolviendo el recto juicio a nuestra mente. En presencia de su amor, el temor se disuelve. Y el espíritu renace.

Jesús fue un hombre, sí, pero también es un espíritu que hoy continúa tan vivo como hace dos mil años. El nacimiento de la figura histórica de Jesús significó su llegada al mundo en su forma física; el nacimiento de Cristo en el mundo actual implica el advenimiento del amor divino a nuestro pensamiento. Hoy no llega como un hombre, sino como un estado de conciencia, lo que no le resta realidad. El concepto mismo de realidad se transforma a medida que avanza el siglo XXI y la humanidad trasciende el estrecho marco de la primacía que hemos otorgado al mundo externo en detrimento de las fuerzas internas. Una vez que reconozcamos que el mundo de la materia no es más que la manifestación de una serie de efectos, cuyas causas residen en la conciencia, empezaremos a prestar mucha más atención a los acontecimientos de la vida interior.

No acabaremos con las guerras, la degradación medioambiental, el hambre, la adicción desenfrenada ni con ninguno de los problemas que asolan el mundo mientras no abordemos las dinámicas internas —las distorsiones del corazón— que las originan. El problema del hambre, por ejemplo, no son las hambrunas en sí, sino que las naciones consideren tolerable que un niño fallezca de inanición. No hay escasez de alimentos, solo una falta de voluntad para poner el amor al prójimo por delante de un sistema al que, en esencia, no le importa que los niños mueran de hambre. La pobreza mundial es un síntoma, no una causa. La causa es nuestra desconexión colectiva de los principios de un cosmos moral. Que Jesús trabaje con nosotros en el nivel de la causa, en el plano de la conciencia, no le resta relevancia, sino que lo hace aún más trascendente si cabe para los problemas prácticos de la humanidad.

El Segundo Advenimiento de Cristo se refiere a la evolución de la humanidad hacia un yo realizado. No describe la reaparición de alguien que se fue y volverá: es el recuerdo de lo que nunca se ha ido, pero ha quedado oscurecido. El Jesús místico es el Alfa y el Omega que siempre fue y siempre será. Su reaparición en el mundo implica la capacidad de recordar quiénes somos.

Cuántas veces me han dicho «No sé quién soy» o «No encuentro mi lugar en el mundo» o «Creo que ni siquiera pertenezco a este lugar». El mundo nos oculta quiénes somos y por qué estamos aquí. La realidad tal como la conocemos no es el hogar del verdadero yo, y entre sus muros no vamos a encontrarnos. Aun en su mejor versión, este mundo no es sino una casa vieja y destartalada en comparación con la luminosa mansión que llevamos dentro.

Pero no se trata de desentenderse del mundo ni de rechazarlo. Estamos aquí para transformarlo. Nuestro propósito como seres humanos es convertirnos en la luz que ahuyenta la oscuridad, ser precursores de un mundo distinto deviniendo personas diferentes. Cuanto mejor comprendamos el significado profundo de los acontecimientos, más poder tendremos para transformarlos.

El sentido profundo de cualquier situación es un anhelo universal de amor. Todos anhelamos amor, todos lo buscamos. El milagro se obra cuando comprendemos que estamos aquí para propagarlo.

Únicamente vemos el amor de Dios cuando estamos dispuestos a expresarlo. No podemos encontrar lo que buscamos si antes no entendemos lo que somos. Recuerdo ahora los años que pasé «buscando a Dios» con desesperación sin darme cuenta de que su amor solo se manifestaría en mi vida cuando tratara de hacerlo manifiesto en la vida de los demás. Cada barrera que erigimos entre nosotros y las otras personas impide a Dios entrar en nuestra conciencia. La única manera de encontrar su amor es ofrecerlo.

El nacimiento místico de Jesús es la apertura del corazón. Igual que María dio a luz al Jesús histórico, el Jesús místico accede al mundo a través de nosotros. Nace cada vez que estamos dispuestos a alumbrarlo. Vuelve a nacer en cada momento de amor incondicional. Y no hablo de una idea abstracta, sino de elecciones reales que hacemos en la vida diaria.

Siempre estamos eligiendo, consciente o inconscientemente. Podemos abrir el corazón o cerrarlo, y nuestra vida se desarrollará en consecuencia. En cada instante estamos generando pensamientos, y cada pensamiento tendrá un efecto.

¿Con qué frecuencia elegimos culpar al otro en lugar de bendecirlo, juzgar en lugar de aceptar, tomar en lugar de dar? ¿Y por qué? Porque estamos acostumbrados a pensar así. El ego nos apremia en todo momento a que nos separemos del resto del universo. Pero Jesús, en su dimensión mística, tiene el poder de anteponerse a los dictados del ego para rescatarnos de la crónica tentación de retener nuestro amor. En cambio, cuando elegimos compenetrarnos con él, cocreamos con Dios un mundo distinto.

Nuestro poder para obrar milagros radica en la decisión de cambiar de mentalidad. Cuando optamos por el perdón y elegimos ensanchar nuestra percepción más allá de la culpabilización, cuando decidimos estar presentes en cualquier situación como una manifestación del amor, nos compenetramos con la Mente de Dios y nos elevamos por encima del ego. El pensamiento del mundo ya no se parece a unas arenas movedizas que nos engullen. Las vibraciones de la conciencia superior —es decir, los pensamientos de amor— nos hacen invulnerables al caos que domina el mundo. De hecho, nos convierten en transformadores.

Y ese es el milagro. Todo milagro comienza por un cambio en el pensamiento, una transformación en el nivel causal que luego se reflejará en el plano de los efectos. Hasta la más minúscula de las velas expulsa la oscuridad. Como tintura del poder de Dios, que todo lo cambia, «todas las expresiones de amor son máximas»* (T., cap. 1, I). El más ínfimo pensamiento de perdón, de misericordia, de amor puede cambiar la trayectoria de nuestra vida.

Hace años, en un seminario, aprendí una técnica que he compartido a menudo. Nos sugirieron que miráramos a una persona y le dijéramos en silencio: «El amor que hay en mí saluda al amor que hay en ti». He recurrido a esta técnica infinidad de veces en distintas situaciones, y he presenciado cambios extraordinarios. Porque todas las mentes están unidas. La gran mayoría de los datos que recibimos se registran en el subconsciente. Notamos si el otro nos juzga y notamos si el otro nos ama. Nuestro mayor poder para suscitar cambios radica en la capacidad de pensar de forma diferente. No hay mejor manera de preparar una reunión que inundar la sala de amor previamente. El gesto cambia la reunión porque te transforma a ti. Tu manera de afrontar la vida —no solo lo que haces, sino cómo eres— determina en buena parte las reacciones de las personas que te rodean.

El amor es el principio organizador del universo. Igual que el cuerpo se organiza por sí mismo, lo mismo hace el universo cuando se lo permitimos. E igual que el cuerpo posee una inmensa capacidad para sanarse cuando algo va mal, lo mismo pasa con los demás aspectos de la vida.

Los milagros constituyen la manifestación natural del universo. Son una expresión de la Mente de Dios, pues cada pensamiento de amor suscita otro pensamiento de amor. «Los milagros son naturales. Cuando no ocurren, es que algo anda mal»* (T., cap. 1, I). Lo que «anda mal» es un pensamiento que procede de la mentalidad errada, es decir, un pensamiento carente de amor. Pero el universo de Dios funciona como un GPS: tan pronto como tomamos un desvío equivocado, se apresura a corregir la ruta. Esa corrección, ese retorno a la mentalidad del amor cuando el corazón se ha cerrado, se llama expiación. El mundo ha tomado un rumbo peligroso porque nuestros patrones de pensamiento transpiran irreverencia. Este siglo toca darles la vuelta a las cosas. Este será el siglo de los milagros, si así lo decidimos.

Como su mente está depurada de todo pensamiento egoico, Jesús ha devenido uno con la expiación. Cuando recurrimos a él, nos abrimos a la corrección divina: el pensamiento, el sentimiento, la situación que nos liberará de las garras del ego. Él es un portal a un mundo diferente porque nos brinda un tipo de pensamiento distinto.

Ahora bien, para poder ayudarnos, Jesús tiene que actuar a través de nosotros. Sin nuestra colaboración voluntaria, el milagro no puede obrarse. Cuando estamos dispuestos a perdonar, a ser misericordiosos, amables y bondadosos, permitimos que nuestras vidas sean canales por los que Jesús se puede manifestar. Y cada vez que se manifiesta, el mundo se crea de nuevo. Al pensarnos como recipientes a través de los cuales Dios aspira a expresarse, el nacimiento de Cristo empieza a cobrar sentido en los planos psicológico y emocional. La luz que Jesús trae al mundo es la luz misma que trae a tu propio mundo. Cuando somos más compasivos, más indulgentes, nuestra vida empieza a cambiar.

Con frecuencia nos devanamos los sesos buscando la solución a un problema sin darnos cuenta de que la respuesta empieza en nosotros mismos: en la manera de dirigirnos a los demás, de pensar en los demás o de comportarnos con ellos. La solución a cualquier conflicto que nos desafía está siempre disponible en los reinos de un universo infinito: sencillamente se bloquea cuando cerramos el corazón. El amor que albergan los corazones —y, aún más importante, que las conductas expresan— atrae apoyo, respeto y la voluntad de prestar ayuda cuando la necesitamos. Pero si los corazones están cerrados, desviamos los milagros que tanto precisamos y anhelamos.

Recuerdo que años atrás me sentaba en la consulta del psicoterapeuta a quejarme de lo mucho que me costaba conseguir apoyo para mi proyecto. Invertí mucho tiempo y dinero en analizar qué suceso de mi infancia había originado el patrón que yo recreaba una y otra vez. Ojalá a algún psicólogo se le hubiera ocurrido preguntarme: «¿Y cómo te comportas tú con los que intentan apoyarte? ¿Te das cuenta de que el dolor te induce a cerrar el corazón a los demás? Eres responsable de los efectos que provocas en tu vida. Tu infancia no es una excusa. No importa cuál sea el origen del problema, porque ahora es tuyo, y tú debes responsabilizarte de él. Da igual lo que ocurriera en el pasado: el milagro radica en la persona que elijas ser ahora». Analizar el problema no me ayudó a superarlo, lo que me ayudó fue rezar una oración para que se obrara el milagro: «Querido Dios, haz que sea blanda allí donde me he endurecido».

Cuán profunda es la idea de que el amor constituye la respuesta. La salvación no es complicada, y quizá por eso tendemos a obviarla. Pensamos que no puede ser tan fácil, que las soluciones a nuestros problemas tienen que ser más complejas que el simple gesto de optar por el amor. Pero «la complejidad forma parte del ámbito del ego»* (T., cap. 15, IV). La verdad es muy sencilla: si un niño tiene hambre, le das de comer. Nada más.

La dificultad no radica tanto en elegir el amor como en superar nuestras resistencias a escoger ese camino. El ego inventa excusas muy elaboradas para argumentar que el amor rara vez es la respuesta y utiliza el poder de la mente para ocultar lo obvio. El ego disfraza la fuerza de debilidad y la debilidad de fuerza.

La manera de pensar del ego se parece a un pirateo de la conciencia, y el Jesús místico desarticula este sistema. Él transforma el mundo a través de nuestra propia transformación. Transforma nuestras actitudes, nuestro sistema nervioso y nuestra relación con los demás. No es exagerado decir que nos ofrece una nueva vida.

Desde la inmaculada concepción hasta la anunciación, desde su nacimiento hasta la huida de su familia a Egipto, desde sus enseñanzas en el templo hasta su bautismo, desde las tentaciones hasta la transfiguración, desde Getsemaní hasta la crucifixión, desde su resurrección hasta su ascensión, la vida de Jesucristo tiene sentido tanto en el plano exterior como en el interior. Sí, todo ello forma parte de una historia, pero también describe estados de conciencia. Cada una de las etapas de su vida presenta su equivalencia mística. El nacimiento de un niño entraña el nacimiento del amor de Dios o el nacimiento del amor en el mundo. La mentalidad del mundo, después, nos agrede inevitablemente, lo que conduce al dolor y a la desesperación: ese es el significado de la crucifixión. Cuando elegimos responder desde el perdón, el amor prevalece: ese es el sentido de la resurrección. La resurrección nos enseña que el amor lo devuelve todo a su lugar.

La historia de Jesús no es solo la historia de nuestra vida: en cierto modo, es la historia de casi todas las situaciones. La existencia de cada persona es distinta, con sus propias experiencias y circunstancias. Sin embargo, en otro plano, todo relato se reduce a uno. Cada día, en cada instante, estamos viviendo la misma historia.

La dinámica de la vida de Jesucristo —su nacimiento, su crucifixión y su resurrección— ofrece un modelo para una comprensión más profunda de la experiencia humana. Cuando identificamos los mecanismos de esa dinámica, adquirimos el poder de reivindicar el milagro de la resurrección en nuestra propia vida. Él lo hizo por nosotros: superó el poder del ego. En consecuencia, también está en nuestra mano superarlo. No se trata de compartir la crucifixión de Jesús, sino de compartir su resurrección.

Comprender el viaje místico lo torna más fácil, más rápido y verdaderamente milagroso.

El amor de María

Igual que los personajes de un sueño constituyen diversos aspectos de la propia personalidad, lo mismo se puede decir de los arquetipos de las Escrituras. Desde una perspectiva mística, María representa el corazón humano: el aspecto femenino y más receptivo de la psique.

La humanidad lleva en el vientre una nueva fase de su historia, y para la mayoría de nosotros se trata de un embarazo difícil. Cada vida es un microcosmos de los cambios evolutivos que está experimentando el mundo. Vivimos un renacimiento como individuos, pero también el renacimiento de la civilización. O bien nos encaminamos a una espiral de muerte, o bien nos preparamos para algo nuevo. Ni la ciencia ni la política van a generar por sí solas ese renacimiento: surgirá de nuestro interior.

Las dimensiones esotéricas de la historia de María poseen significados profundos para el buscador moderno. El arcángel Gabriel despertó en mitad de la noche a esta doncella bendecida por Dios y le pidió que subiera a la azotea. Allí le anunció que daría a luz al Hijo de Dios.

El dogma afirma que María era Virgen, una palabra que en el griego original significaba sencillamente doncella. La idea de que María fue fecundada por Dios y no por un hombre posee un sentido místico, al margen de su virginidad física. Para entender el sentido esotérico, podemos pensar en ese pálpito que a veces asalta nuestros corazones, esa sensación imprecisa pero manifiesta de que está a punto de pasar algo. No procede de nada externo. Ocurre en lo más profundo del ser.

María es el yin femenino frente al yang masculino de Dios. Dios fecunda el corazón humano y de esa concepción divina nace el Cristo, un nuevo sentido del yo que llevamos al mundo. Engendrado por Dios y por nuestra propia humanidad, este ser recién nacido representa nuestra naturaleza tanto divina como humana.

María no fue la única que despertó de su sueño: toda la humanidad ha vivido en un estado de letargo espiritual. «Lo que es más, en la Biblia se menciona que sobre Adán se abatió un profundo sueño, mas no se hace referencia en ninguna parte a que haya despertado»* (T., cap. 2, I). ¿Hay entre nosotros alguien que no haya oído la llamada que le invita a despertar?

El despertar personal es un proceso gradual y no necesariamente una epifanía que anuncia un cambio drástico. Puede que no venga precedido de ningún instante o acontecimiento concreto, de nada que nos pareciera significativo en su momento. Podría suscitarlo una oración, una meditación o un ejercicio de atención plena. Podría provocarlo una relación, un libro, un maestro o un viaje espiritual. Podría ser cualquier experiencia transformadora, buena o mala, que abra el corazón y aporte mayor sabiduría. Tal vez sea la sensación casi inquietante de saber algo sin más, aunque no podamos explicar de dónde procede el conocimiento. Sea cual sea la forma que adopte nuestro despertar inicial, lo recordaremos como algo que resquebrajó nuestras resistencias y marcó el comienzo de algo nuevo. Algo que nos despertó del sueño y nos llevó a la «azotea» de nuestra mente superior.

María no debía contárselo a nadie, y nosotros tampoco. La creación de una nueva vida es un proceso misterioso, ya sea el nacimiento de un niño o el nacimiento de un yo mejor.

El período de gestación requiere alimento y cuidados. Sabemos instintivamente que no debemos compartir ciertas ideas, que no debemos exponerlas al mundo exterior hasta que estén listas para salir a la luz. Es difícil cultivar una vida espiritual entre el alboroto de nuestra sociedad. El Cristo recién nacido necesita protección, no solo en el interior de María, sino también dentro de nosotros. Hoy en día, en la mayor parte de los entornos, no resulta seguro hablar de vida espiritual. Las amistades conscientes, los terapeutas y los consejeros espirituales o religiosos ofrecen espacios protegidos. Al margen de estos, compartir nuestros sentimientos más profundos sobre la vida interior puede entrañar un peligro emocional.

Y lo que está naciendo en lo más hondo de nuestro ser es la energía que salvará al mundo. María representa una faceta de la conciencia que a menudo se conoce como «lo divino femenino», una dimensión del yo y del conjunto de la sociedad largo tiempo reprimida que hoy es más necesaria que nunca. «Eso es lo que se quiere decir con "los mansos heredarán la tierra". Literalmente se apoderarán de ella debido a su fortaleza»* (T., cap. 2, II). Las cualidades de María —bondad, dulzura, ternura, espíritu maternal, valentía, comprensión, misterio y, por encima de todo, resistencia en mitad del más profundo dolor— son aspectos del yo que nos ayudarán a construir un mundo más sostenible.

Al igual que María, nosotros notamos en nuestro interior el comienzo de una nueva vida. Igual que ella, nos guardamos esas sensaciones y las meditamos desde el corazón. El susurro de los ángeles es algo profundamente personal. A veces se trata de una revelación, verdades que nacen de la intuición en mitad de la noche. O alguna fuerza misteriosa nos anima a ser mejores que nunca, a esforzarnos aún más. Quizá tengamos la sensación de que se avecinan cambios y de que tenemos trabajo que hacer.

El futuro del mundo depende de que pongamos manos a la obra. En este momento necesitamos algo más que actos de procreación físicos para perpetuar la vida de la humanidad: es precisa una evolución de la conciencia humana, una sabiduría colectiva que aún no existe a gran escala. E igual que la vida física se gesta en el interior del cuerpo, la sabiduría se gesta en el interior de la mente. Si queremos que la especie sobreviva, tenemos que ser distintos y hacer las cosas de otra manera.

El ego, naturalmente, no está conforme. Herodes —el mandato del ego— está siempre al acecho. El ego protege sus dominios con celo para que el amor no prevalezca sobre sus intereses terrenos. Trata de invalidar y destruir toda expresión de amor. Herodes no quería ni oír hablar de aquel poderoso niño que había nacido para ser el rey de los judíos. Prefirió asesinar a todos los recién nacidos antes que permitir que ese niño viviera. María era tremendamente vulnerable en ese momento, como nos sentimos todos cuando una nueva vida —física o espiritual— crece en nuestro interior.

¿Quién nos protege?

La protección reside en José, «lo divino masculino», el aspecto de la psique que gestiona el mundo material. Él se asegura de que estemos a salvo mientras atravesamos nuestro proceso de transformación. José recibió todas las instrucciones necesarias. Se le ordenó llevar a María a Egipto para protegerla; nosotros aprendemos a prodigarnos autocuidado y a proteger los dones de la soledad. Egipto representa el yo sagrado: nos retiramos a esa región interior mientras el antiguo orden se disipa e incubamos nuestros poderes hasta que la cultura esté preparada para recibirlos.

El mandato de Herodes de «ejecutar a todos los niños judíos menores de dos años» significa el deseo del ego de cortar de raíz cualquier esperanza emergente. Los hijos de Herodes representan nuevas generaciones de figuras egoicas, que siempre tratan de acallar las voces de aquellos que podrían representar un desafío al antiguo orden. La voz del místico no es bien recibida en el territorio de Herodes, pero Dios está contigo. Llegarás al pesebre, un rincón humilde dentro del corazón. Y allí darás a luz.

En ese nacimiento radica la salvación del mundo. Tú, igual que María, alumbras al Cristo cada vez que abordas el presente libre de las cargas del pasado y sin nada en el corazón, salvo amor. Los reyes terrenales caerán de sus pedestales cuando vislumbren tu poder. Y la luz de tu profunda conciencia contribuirá a expulsar la oscuridad del mundo. Seguirás siendo la misma persona, pero muy distinta. Algo ha sucedido en tu interior y has cambiado.

La estrella que señala el portal de Belén es la misma que ilumina la conciencia para indicar a la mente mortal que debe desplazarse a otro lugar. Llevamos demasiado tiempo en una zona de tinieblas, pensando que estamos separados de Dios y separados entre nosotros. Los engaños así fabricados amenazan ahora con destruirnos.

Cuando éramos niños nos hablaron de la evolución. Aprendimos que, si una especie se comporta reiteradamente de maneras desadaptativas, o evoluciona o se extingue. Un cambio evolutivo ocurre por una mutación: un miembro de la especie adopta una conducta más adecuada para la supervivencia del conjunto de la especie. Los patrones de comportamiento basados en el miedo de la humanidad actual son tan desadaptativos que suponen una amenaza para nuestra especie. El actual desafío de la humanidad es la propia supervivencia.

Sin embargo, para cambiar de conducta tenemos que transformar la mente. Jesús, en su dimensión mística, es un transformador de mentes. Nos ofrece una alternativa evolutiva: el yo renacido de las sombras que avanza hacia la luz.

María alumbró a Jesús con todo su amor. Ahora nos toca a nosotros.

Querido Dios:
Me pongo a tu disposición.
Que tu espíritu venga a mí y prepare mi corazón.
Me entrego a ti, como soy y lo que soy,
para que me conviertas en un recipiente de tu amor.
Entra en mi conciencia y elévame
para que pueda servirte mejor.
Amén.

MILAGROS

Como dijo Albert Einstein, «no se puede resolver un problema desde el mismo nivel de conciencia que lo creó». Existe un ámbito cuántico que trasciende los límites del mundo tal como lo entendemos. La conciencia racional no puede captarlo plenamente, porque trasciende la comprensión de la mente mortal. El corazón, en cambio, se siente a sus anchas en esa región.

Una mentalidad capaz de aceptar milagros permite a la mente recuperar su funcionamiento adecuado. Eso implica sincronizarla con el amor y ponerse a su servicio. La Mente de Dios es un océano infinito de pensamientos de amor, y cuando pensamos con amor estamos pensando con Dios. El propósito de la vida es aprender a pensar igual que piensa Dios.

Cada pensamiento es una causa que genera un efecto: el mundo es una especie de pantalla en la que se proyecta la naturaleza de nuestros pensamientos. La ley de causa y efecto fue creada para protegernos pues, mientras pensemos con amor, el amor volverá a nosotros.

Pero no es así como van las cosas, al menos no en general. La humanidad está dominada por un sistema de pensamiento ajeno al amor. Vivimos en la feria del ego, que nace de la errónea idea de que somos entes aislados. La idea de la separación conduce a una anarquía destructiva. Igual que las células cancerosas han desconectado de su función colaborativa, nuestros pensamientos son propensos a separarse de su propósito divino. Ese es el problema esencial: nos hemos contagiado del malsano pensamiento de que «todo gira en torno a mí». Como nos creemos separados del mundo, atacamos sistemáticamente las cosas y las personas que deberían ser el objeto de nuestro amor, pues para ello nacimos.

La propia separación es un espejismo de la conciencia, dado que en el plano del espíritu no hay frontera entre tú y yo. Somos como olas del mar que se creen independientes de las demás. Como bien sabemos, no existe un límite entre una ola y la siguiente. Así pues, piensa en la diferencia psicológica entre creerte una ola aislada en el océano y comprender que formas parte de él.

Si pienso en mí misma como una ola independiente de las demás, ¿cómo podría no sentirme desvalida ante el resto del océano? ¿Cómo no vivir con constante miedo a acabar aniquilada, aterrada ante la posibilidad de que una ola más grande me devore en cualquier momento? ¿Por qué no iba a defender mi entidad aislada, si creo que, de no ser por ella, no existiría?

Por otro lado, si pienso que soy una con las demás olas, ¿cómo no sentirme segura y poderosa? Al identificarme con el poder del mismísimo océano, no tengo nada que temer, pues sé que formo parte de él.

Como nos creemos entes aislados pero, en el fondo del corazón, sabemos que no lo somos, sufrimos. Vivimos entre la espada y la pared. Hemos perdido el sentido existencial, nuestra identidad superior y el propósito vital. El mundo tal como lo conocemos —un reino de pensamientos desordenados, caos fabricado y hechos inconexos— tiene poco que ver con nuestra verdadera naturaleza y no podemos sentirnos seguros en él.

Es un juego peligroso, pero lo jugamos sin cesar. Una mentalidad exenta de amor ha creado un mundo sin amor. Al cerrar el corazón, nuestros ojos se han cegado. Pero no ha sido obra de Dios, sino nuestra.

Hay un modo de escapar de tanto dolor. Sin embargo, el ego no puede tolerarlo. Superar el sufrimiento nos exige renunciar a la idea de la separación, algo que al ego se le antoja insoportable, pues el fin de la separación es la muerte del ego. El ego trata de preservar su vida con uñas y dientes. En su afán por perpetuarse, histérico y aterrado, el ego hace todo lo posible por convencernos de que la separación es real, mientras que la unidad no es más que un espejismo. Se empeña en repartir culpas por doquier, también a nosotros mismos. Insiste en que somos aisladas motitas de nada que flotan en un universo aleatorio e indiferente.

Ante una situación como esa, ¿cómo no vivir sumidos en una ansiedad profunda y duradera, que tratamos de suprimir pero que siempre nos acecha? Y desde esa posición de ignorancia espiritual, incapaces de entender quiénes somos y lo que somos para los demás, tomamos una decisión absurda tras otra. Al empeñarnos en que la separación es real, buscamos consuelo en el mundo material, cuando la verdadera fuente de malestar es la excesiva identificación con el ego. Construimos una prisión mental e intentamos decorarla con oro.

Empleamos la mente para atacar y defendernos, sin comprender que el propósito de la vida es amar y bendecir; todo ello arrastrados por un inconsciente impulso de perpetuar la misma separación que constituye el motor de nuestra desesperación. Es el pensamiento al revés, la vida al revés. El corazón invalidado, la vida cargada de sufrimiento. La mente confusa, un mundo aterrador.

Ah, pero de esa locura nos salvan los milagros.

La separación

La premisa fundamental de *Un Curso de Milagros* es que lo único real es el amor. No existe nada más. Ahora bien, si solo el amor es real, ¿por qué nuestra experiencia existencial no es un amor infinito? Si Dios es amor, ¿por qué permite siquiera que exista el ego?

Como extensiones de la mente de Dios, compartimos sus atributos. La única diferencia es que somos sus creaciones; nosotros no lo creamos a Él. El libre albedrío implica que podemos pensar lo que queramos. Ni el propio Dios vulneraría ese derecho fundamental.

El sistema de pensamiento que impera en el mundo está basado en el temor, no en el amor, y tiene un poder extraordinario porque implica la fuerza de la mente contra sí misma.

El amor es consustancial a nosotros y, sin embargo, con frecuencia se nos antoja extraño. Desde una edad muy temprana, aprendemos a considerar el pensamiento más natural, que es el pensamiento amoroso, como algo antinatural. En cambio, estamos acostumbrados a lo más antinatural: el pensamiento temeroso. Vivimos en un mundo que ha transformado gestos como los ataques, la culpa y la crítica en algo más instintivo que el amor y el perdón. Y ese es el origen de nuestra desesperación personal y colectiva.

Vivimos constantemente incitados a oponer una resistencia malsana al amor. La resistencia es tanto consciente como inconsciente, y la lucha que conlleva subyace a todos los problemas. El viaje espiritual es el trabajo que hacemos para liberarnos de esa prisión mental y Jesús es uno de los portales a través de los cuales podemos escapar. Él nos rescata al recordarnos quiénes somos en realidad.

Millones de años atrás en el tiempo tal como lo conocemos, nos creímos algo que no era cierto, una mentira tan grande que hizo añicos el universo. Empezamos a pensar sin amor. «Lo opuesto del amor es el miedo —dice el *Curso*—. Pero aquello que lo abarca todo no puede tener opuestos»* (T., Intr.). Cuando pensamos sin amor, en realidad no estamos pensando. El miedo es la alucinación letal de una vida al margen de Dios. La gente pregunta: «Pero si Dios es amor, ¿por qué creó el ego de buen comienzo?». Y esa es la clave de todo. No lo hizo. El ego no es más que una falsa creencia.

Esa falsa creencia fue nuestra percepción errada —o creación errada— original. Empezó en un momento de desconexión, de separación del amor, y es el origen de todo el horror del mundo. Fue un «desvío hacia el miedo»* (T-Cap. 2, I), descrito en el *Curso* como un instante en que el Hijo de Dios se olvidó de reír. El problema no es que ocurriera esa separación hace millones de años, sino que la recreamos cada vez que cerramos el corazón. Y esa separación constituye la enfermedad crónica del espíritu que sufre la humanidad, la serie interminable de pensamientos ajenos al amor que domina el mundo. Pues la mente es tan poderosa que tiene la capacidad de manifestar lo que piensa. Solamente hay un problema y solo una solución. Creemos que nos enfrentamos a muchos problemas distintos, pero no es cierto: nuestro único problema es la separación del amor.

Ese primer pensamiento ajeno al amor engendró el ego (entendido en la acepción de los antiguos griegos: la idea de un yo inferior y aislado). El ego no es sino la creencia de que somos entes separados. No obstante, una creencia puede tener un gran poder. A partir de esa primera creencia cobró vida todo un mundo carente de amor.

A partir de ese instante, dos mundos separados, semejantes a dos universos paralelos, empezaron a coexistir.

Uno de esos mundos está poblado por cuerpos separados que han olvidado quiénes son y lo que significan los unos para los otros. Nuestros cuerpos son la manifestación física de la idea de una identidad aislada. Freud definió la neurosis como la «separación del yo». Percibimos este mundo con los sentidos físicos: tenemos ojos que ven, oídos que oyen, manos que tocan. Sin embargo, aunque el mundo físico es real en las tres dimensiones que habitamos, la realidad tridimensional no es lo que parece. De hecho, se trata de una vasta matriz de espejismos fabricada por la mente humana no para iluminar, sino para ocultar el mundo que hay detrás.

En paralelo hay otro mundo, invisible a los ojos físicos, que constituye una realidad eterna e indestructible. Es el océano divino de luz, amor y comprensión infinitos, eclipsado por el sistema de pensamiento del ego que ahora domina el mundo.

Vivimos a caballo entre esos dos universos, apegados a uno al tiempo que anhelamos el otro. Habitamos un mundo de cuerpos separados, en una rueda de hámster de pensamientos y conductas basados en el miedo, y estamos perversamente inducidos a creer que nuestra separación es una identidad, sin la cual dejaríamos de existir.

La idea de que somos entes aislados nos ha llevado a creer que estamos separados de Dios, separados unos de otros, separados del universo, de la Tierra, de los animales, incluso separados de nosotros mismos. Este sistema de pensamiento nos vulnera, invalida, atormenta y destruye, y nos convierte en esclavos mentales de su insistencia dictatorial en que no somos lo que somos, en que somos lo que no somos.

Más allá de todo eso, está nuestra Realidad espiritual, el reino indestructible creado por Dios y en cuyo interior todos somos uno. En el seno de ese reino, nuestras almas saben que están en casa.

El Espíritu Santo

De manera que aquí estamos, perdidos en el espejismo de la separación, con la sensación de que estamos solos en un universo carente de significado, cuando nosotros mismos somos su significado. Desde el principio de los tiempos, literalmente, hemos representado y vuelto a representar el drama que generó ese primer pensamiento errado.

Dios, siendo como es el Amor perfecto, tiene la solución para cada uno de los problemas tan pronto como aparecen. Y como el ego se opuso a Dios, Dios reaccionó de inmediato. En la oscuridad apareció una luz.

¿Cómo reaccionaría el Amor perfecto ante una oposición? ¿Nos obligaría a volver a pensar desde el amor? No, porque el Amor no te obliga a nada.

¿Nos castigaría por pensar sin amor? No, porque el Amor no castiga.

Dios jamás nos forzaría a retornar al amor, pues eso sería vulnerar nuestro libre albedrío. Somos libres de pensar lo que queramos. Sin embargo, tan pronto como apareció el ego, Dios creó una alternativa, un espacio de la conciencia capaz de guiarnos de vuelta al amor, si así lo decidimos.

Ese guía, un leve puente de percepción que nos transporta del miedo al amor, recibe el nombre de Espíritu Santo.

El Espíritu Santo es el vínculo eterno entre los seres humanos y Dios, el hilo que nos reconecta con la mente sana. Creado por Dios, el Espíritu Santo es eterno y permanecerá por siempre en la mente del ser humano. También se le denomina Maestro Interior, Paráclito, Shejiná o Ajustador de Pensamiento, entre otros nombres. El Espíritu Santo nos ofrece el mayor regalo de Dios: una avalancha de pensamientos amorosos que tienen la capacidad de arrollar las percepciones nacidas del miedo y de aportarnos paz interior. Jesús fue y es una manifestación del Espíritu Santo.

El miedo es al amor lo que la oscuridad es a la luz: no una presencia, sino una ausencia. Igual que ahuyentamos las tinieblas encendiendo la luz, ahuyentamos el temor remplazándolo por amor. El miedo es la oscuridad de la mente; el Espíritu Santo, la Luz del mundo.

Mientras que el Espíritu Santo fue creado hace millones de años, hace dos milenios vivió un hombre (el *Curso* afirma que no es el único) que encarnó la mente del Espíritu Santo eliminando de su conciencia todos los pensamientos que no fueran de amor. Y al hacerlo los dos fueron uno, así que recurrir a uno equivale a recurrir al otro. Él es la luz en cuya presencia la oscuridad no puede existir.

Esa luz tiene muchos nombres y Jesús es uno de ellos. Jesús trae al Espíritu Santo a nuestra vida, y recurrir a él constituye un modo de invocar al Espíritu Santo desde nuestra existencia mortal. No lo vemos con los ojos físicos, pero advertimos los efectos de su poder y sabemos que está ahí.

Jesús no nos puede preservar de los efectos de nuestro pensamiento, pues Dios creó la ley de causa y efecto para protegernos y, en consecuencia, dicha ley es inquebrantable. Trabaja con nosotros en el plano de las causas y nos ayuda a escoger los pensamientos desde la sabiduría.

En cada momento estamos eligiendo lo que pensamos, consciente o inconscientemente. Los pensamientos de amor nos aportan paz interior, porque cada vez que pensamos desde el amor expresamos nuestro verdadero yo. Si pensamos sin amor, invalidamos nuestra existencia. La conciencia de la unidad es el paraíso, y el tormento del ego es el infierno. Así pues, el cielo y el infierno no son lugares a los que vamos tras la muerte, sino estados emocionales que experimentamos aquí y ahora, constantemente.

Dios no nos envía al infierno: nos ayuda a abandonarlo. Todos sentimos en ocasiones la tentación de desviarnos del amor, al igual que la sintió Jesús. Mediante la gracia de Dios, él superó la tentación y ahora está autorizado para ayudarnos a superar la nuestra.

De igual modo, todos tenemos días en los que, por la razón que sea, nos sentimos confundidos y perplejos. En el mundo actual, las cosas se mueven a un ritmo vertiginoso. Aunque no hace demasiado la humanidad vivía siguiendo el ritmo de la salida y la puesta del sol, el entorno actual de las redes sociales parece haber acelerado el mismísimo tiempo. El sistema nervioso no está diseñado para esto. Es natural que sintamos tentaciones. Es natural que cedamos a ellas.

La civilización precisa reparación. Nosotros precisamos reparación. No podemos limitarnos a adormecer la conciencia o a suprimir el dolor de vivir en un mundo que choca frontalmente con nuestra verdadera naturaleza. El mundo tendrá que cambiar: la civilización tendrá que corregir su curso. Sin embargo, para que eso suceda, debemos empezar por cambiar nosotros.

La expiación

La expiación es la corrección de nuestra percepción, un don otorgado por Dios que constituye una eterna vía de escape del miedo. A través de la expiación podemos enmendar las consecuencias de nuestra falta de amor, pues reconocemos nuestros errores y le pedimos ayuda a Dios para escoger otra manera de pensar. Todas las religiones abrahámicas y algunas más incluyen el principio de la expiación, ya que es fundamental para la transformación personal y colectiva. No podemos avanzar en la vida sin el reajuste del corazón, y eso es tan cierto para los países y para la especie como para cada individuo. La expiación, alimentada nada menos que por el amor infinito y por el poder de Dios, nos libera plenamente de la locura del mundo que hemos creado y nos transporta al reino que Él creó.

No obstante, la expiación requiere algo más que decir «Uy, no debería haber hecho esto». Cualquier católico en sincera confesión, un judío deshecho en lágrimas en el Yom Kipur o un miembro en una reunión de Alcohólicos Anónimos, al admitir la naturaleza exacta de sus errores, ha entrado en la zona de profunda contrición que implica reconocer que uno ha cometido una transgresión y no quiere repetirla.

Cuando lo hacemos, sucede algo verdaderamente maravilloso.

Algo cambia en el plano causal. Nos arrodillamos, si no de un modo literal, al menos sí figurado. Y todo vuelve a empezar.

En ese punto se encuentra el mundo actual, o quizá sea más realista decir que en ese punto deberíamos estar: no atacando o culpando a los demás, no sintiéndonos víctimas o atribuyendo las dificultades al otro. Tenemos que mirar en nuestro interior para saber dónde reside el problema y buscar las soluciones en el mismo lugar. Debemos perdonarnos y perdonar a los demás, pues allí encontraremos a Dios y allí encontraremos la respuesta.

El principio de la expiación sana todo corazón que esté abierto a él. Si estamos dispuestos a volver al momento en que se cometió el error, a asumir plena responsabilidad por el hecho de que, en ese instante, no permitimos que el Espíritu Santo guiara nuestras percepciones y nuestra conducta, podemos volver a elegir. Podemos poner ese momento en manos del Espíritu Santo ahora. Y no tenemos por qué sentirnos culpables, porque Él deshará todas las consecuencias de nuestra decisión equivocada si se lo permitimos. El principio de la expiación no proviene de nosotros, pero está dentro de nosotros porque Dios lo puso ahí.

Cuando aparece el miedo —una réplica del momento de la separación original—, el universo siempre está presto a corregirse. La cuestión es si nosotros lo estamos. Todos recaemos más veces al día de las que nos gusta reconocer. Pero podemos volver a escoger en cualquier momento. Ese es el poder de la expiación.

En el instante en que cerramos el corazón y elegimos el miedo en lugar del amor, el Espíritu Santo guarda en custodia el milagro que se podría haber producido. Permanecerá seguro en sus manos hasta que estemos preparados para recibirlo. Podría suceder en otra situación, en otro momento, pero la oportunidad surgirá. El milagro que tenemos a nuestra disposición es un archivo imborrable. Podemos escoger no descargarlo, pero no podemos eliminarlo del disco duro.

En presencia del amor perfecto, el universo se reordena y los milagros ocurren por sí mismos. Esa es la infinita misericordia de Dios.

Iluminación

Durante miles de años, tanto judíos como cristianos han concebido la idea de un Mesías que libere a la humanidad de la esclavitud espiritual y material. Los judíos dicen que el Mesías está por venir, los cristianos dicen que ya vino, y Einstein dijo que el tiempo no existe.

El Mesías místico no vendrá del exterior, sino del interior del ser humano. No bajará de los cielos, sino que surgirá de nuestra mente superior.

Limitar la idea del Mesías a un contexto de tiempo lineal y a la realidad histórica de Jesús nos ata a una conciencia limitada. El Mesías místico es un estado mental, una conciencia amorosa de nuestra unidad con Dios y con el prójimo. En ese sentido, el Mesías libera a los hijos de Dios.

Pero la liberación no se produce en un momento determinado: es un proceso. El tiempo, el espacio y el propio cuerpo están aprendiendo mecanismos por los que ensayan una y otra vez las lecciones de la iluminación. Cada circunstancia está cuidadosamente planificada por el Espíritu Santo para la máxima evolución de nuestra alma, y lo hace retándonos y a la vez invitándonos a escoger el amor en lugar del miedo.

La iluminación no es un cambio en el cuerpo, sino en el alma, y no implica un rechazo al cuerpo, sino la redefinición de sus propósitos. Dios honra nuestras creaciones como se nos pide que honremos las suyas. Nada en este mundo es sagrado o profano, salvo en función del sentido que le atribuyamos. El propio cuerpo es como un traje de valor infinito. Usado como medio de sanación y comunicación, se convierte también en algo sagrado.

En muchas iglesias se lee: «Haced esto en memoria de mí». La mente de Jesús no alberga nada, excepto fe; nada que no sea amor, nada que nos sea servicio. En todas las situaciones, nuestro desafío espiritual consiste en tratar de aproximarnos a ello.

Es un trabajo excelente repasar lo sucedido a lo largo del día y preguntarnos: «En tal situación, ¿he dado lo mejor de mí? ¿He demostrado amor y generosidad, o miedo y egoísmo? ¿He estado allí para dar o para recibir? ¿He bendecido o he culpado?». Resulta sorprendente descubrir que, cuanto más practicamos este ejercicio, más advertimos que nuestras vidas son el reflejo exacto de lo que programamos con nuestros pensamientos.

Dios no nos pide que seamos perfectos, sino que seamos sinceros. Cada vez que reconocemos: «Sí, no estuve en mi mejor versión en ese momento», podemos poner ese momento en manos de Dios, enmendar nuestro error y rezar para tener la oportunidad de volver a empezar. Él nos la brindará. Ese es el poder de la expiación. No es un apaño, sino un milagro.

Elegir el amor implica desviarse radicalmente del modo de ver el mundo que nos han enseñado. La iluminación es una transformación psicológica que desmantela un sistema de pensamiento basado en el miedo, pero eso no significa que desaparezcan la tentación y las dificultades que se experimentan en toda vida.

Las tentaciones del ego son malignas. ¿Cuántas veces nos autosaboteamos solo para darnos cuenta más tarde de que nosotros fuimos nuestros peores enemigos? El ego prefiere mil veces que te dediques a controlar los errores ajenos a que seas sincero contigo mismo. Sin embargo, solo cuando estamos dispuestos a mirarnos al espejo con sinceridad, empieza el camino de la liberación.

La iluminación no es un momento fantástico que nos transforma para siempre y nos permite verlo todo con claridad. Es un proceso de trabajo personal gradual y a menudo arduo que puede involucrar, y con frecuencia involucra, cierto nivel de incomodidad. El crecimiento es complicado. El viaje inspira temor y el mejor guía en el camino —un amigo que nos apoya según avanzamos, que nunca se separa de nuestro lado y que nos ayuda de muchas maneras— es el Jesús místico.

Él eclipsa nuestra conciencia para inundarnos del pensamiento que nos liberará del dolor. El propósito de la vida es ser feliz y la única forma de lograrlo es aprender a pensar como piensa Dios. Pedirle ayuda a Jesús es un modo de conseguirlo. Hay misterio en lo que pasa cuando le invitamos a entrar en nuestro corazón, algo que nuestra mente mortal no alcanza a descifrar.

El *Curso* trata de nuestra relación con Jesús. «Es posible leer sus palabras y beneficiarse de ellas sin aceptarlo en tu vida. Mas Él te ayudaría todavía más si compartieras con Él tus penas y alegrías, y renunciaras a ambas para hallar la Paz de Dios»* (M.M., Clarificación de términos, 5). He descubierto que es cierto.

Renunciar a la antigua manera de pensar requiere renunciar a una manera de ser, y el viejo yo rara vez desaparece fácilmente. El viaje transcurre por un bosque muy oscuro, plagado de demonios psicológicos que nos salen al paso mientras buscamos la salida: ideas relativas a antiguos fracasos, a humillaciones personales, a vergüenza, odio a uno mismo, arrepentimiento y dolor.

El camino místico implica insistir en el sentido en un universo que carece de él, fijarse un propósito en un mundo que nos distrae sin cesar tratando de seducirnos con cosas que a la postre no tienen importancia. Implica no seguirle la corriente a la corruptora influencia de los juicios mezquinos y comprometerse a hacer del perdón el principio central de la vida.

Hay mucho que desaprender. La tentación de percibir sin amor —de elegir el ataque antes que el perdón y la culpabilización antes que la bendición— no solo es la tendencia más habitual en el mundo, sino también la norma preferente. Y nos desafiará a cada paso.

Hace años, me dije que no debía preocuparme por el diablo, porque solo estaba en mi mente. Recuerdo el momento en que comprendí que eso era una mala noticia. El diablo no es una presencia externa que ronde por el planeta en busca de almas humanas. Es más bien la tentación que vive en nosotros, siempre activa y al acecho, de percibir sin amor. Como todas las mentes son una, cuando trascendemos esa tentación contribuimos a purificar la percepción del resto del mundo.

Las circunstancias nos obligarán a observar en qué aspectos somos espiritualmente fuertes y en qué aspectos somos espiritualmente débiles. El Espíritu Santo no está aquí para rendir tributo a nuestras zonas de confort, sino para romperlas y transportar nuestra conciencia a lugares en los que el amor todavía no tiene cabida. Solo entonces podremos purgar esos aspectos de nuestra personalidad y sanarlos.

Igual que hacemos ejercicio para desarrollar la musculatura física, podemos ejercitarnos mentalmente para desarrollar los músculos espirituales. Jesús sería como un buen entrenador que repasa los movimientos con nosotros, nos corrige cuando es preciso y nos ayuda a desarrollar la fuerza necesaria para que podamos hacerlo solos. El yoga, el pilates y el entrenamiento con pesas mejoran nuestra musculatura física; un esfuerzo constante por ser más amorosos transforma nuestra personalidad. Cuando nos entrenamos para pensar con amor, no solo nos convertimos en personas más «agradables»: devenimos obradores de milagros, sanadores y agentes de transformación. Para eso estamos aquí.

La física tiene sus propias leyes, objetivas y perceptibles, y la conciencia posee también sus propias leyes metafísicas, apreciables y reales. No hace falta tener «fe» en la fuerza de gravedad: basta con entenderla. Llegará un momento en el que tampoco precisarás tener fe en el poder del amor: sencillamente lo entenderás.

Si estamos confusos o enfadados, si nos mostramos intolerantes o estallamos, Dios no nos pide que dejemos de experimentar esos sentimientos. Solo nos pide que estemos dispuestos a no sentirnos así. Sabiendo que existe un poder capaz de hacer por nosotros aquello que nos supera y siendo conscientes de que llevamos dentro un salvador que puede rescatarnos de la confusión y la desesperación, depende de nosotros recurrir a él o no hacerlo. Jesús no puede entrar en nuestra mente y borrar los sentimientos negativos —no puede tomar nada que no le entreguemos— pero, si le pedimos ayuda, la recibiremos.

En cierto modo, el arte de vivir consiste en encontrar la manera de no hacer tonterías. Igual que el ejercicio físico desarrolla los músculos del cuerpo, la oración y la meditación desarrollan los músculos de la actitud. El ejercicio nos fortalece para que podamos movernos con mayor rapidez y potencia. La oración y la meditación nos fortalecen para que no reaccionemos automáticamente y actuemos con serenidad. Yo podría estar pensando que tal individuo es el más idiota del mundo —es posible que aún no haya superado eso—, pero, con la práctica suficiente, llegará un momento en que no seré tan tonta como para enviarle un mensaje de texto.

Toda acción genera una reacción y todo pensamiento cobra alguna. «Un pensamiento neutral es imposible»* (L.E., Lec. 26). Un milagro es una corrección fundamental en el plano causal del pensamiento. Resulta inútil tratar de cambiar la experiencia vital trasteando con los efectos. Sería como empeñarse en cambiar el argumento de una película manipulando la pantalla. Lo que experimentamos en la vida no es más que la proyección de un pensamiento.

Cambiar el miedo por el amor implica, literalmente, transformar el mundo: es un cambio en el plano causal de la existencia, que a su vez modificará el ámbito de los efectos. Ni el propio Dios infringe la ley de causa y efecto, porque sus creaciones son inalterables. El Jesús místico transforma nuestra vida renovando nuestra manera de pensar. Y a medida que la humanidad transforme su pensamiento, el mundo experimentará el milagro de cambiar.

Con frecuencia nuestros deseos, nuestras reacciones impulsivas, la falta de control, la ira, la actitud defensiva y el miedo nos alejan de lo que es bueno para nosotros. Seguramente hará falta algo más que un «pensamiento positivo» de manual para superar todo eso. Es posible que nos hayan traicionado, lastimado, abandonado o mentido. Puede que hayamos perdido a un ser querido, o que nosotros o una persona cercana esté muriendo. Como es natural, albergaremos pensamientos de rabia, negativos o desesperados. No siempre es fácil cambiar de mentalidad. La vida puede ser dolorosa y deprimente. Es fácil amar cuando el amor que nos rodea resulta evidente: cuando nos tratan con bondad, cuando nos sentimos amados, cuando las circunstancias son buenas.

La dificultad aparece cuando las cosas no van bien: cuando no nos sentimos amados o las circunstancias no son las que desearíamos. En esos momentos, al ego se le da muy bien convencernos de que todo ese amor y ese perdón son un montón de tonterías, y no debemos ni creer en ellos, ni ponerlos en práctica, ni tomarlos en serio en ningún sentido.

Jesús transforma todo eso al transformar nuestra mente, lo que equivale a decir que es la luz que ahuyenta las tinieblas.

«Seguir a Jesús» significa armonizar nuestros pensamientos con el amor incondicional. En él no tienen cabida las condiciones, las excusas ni los espejismos que se interponen en el camino de su amor. En él, en consecuencia, el engaño de la separación se desvanece. Cuando nos convertimos en sus discípulos, nuestra mente adquiere disciplina.

No llegamos más lejos por falta de disciplina mental. Todos tenemos heridas que afectan a uno u otro aspecto de la vida: zonas en las que los músculos de la personalidad se han atrofiado, casi siempre a causa de alguna vivencia dolorosa. Somos débiles cuando podríamos ser fuertes si hubiéramos tenido otros padres. Somos severos cuando podríamos ser amables si no nos hubieran maltratado. Somos negativos, pero seríamos más positivos si no nos hubieran traicionado o lastimado. La suma de las heridas acumuladas desde el nacimiento hasta el momento presente pasa factura al cuerpo emocional. Tenemos cicatrices y magulladuras internas, daños emocionales que nunca han sanado. Una cosa es lograr ver esas heridas y otra muy distinta ser capaz de repararlas.

Todos conocemos la oscuridad del mundo y la llevamos dentro. Un enfoque psicoterapéutico tradicional implica analizar esas sombras, mientras que rezar para pedir un milagro significa encender la luz. La Luz del Mundo es la luz de la mente. Él ha resucitado y nosotros también podemos hacerlo.

Querido Dios:
Conviérteme en la persona que te gustaría que fuera
y permite que haga lo que querrías que hiciera.
Transforma mi mente y sana mi corazón.
Líbrame de la aflicción
y haz que pueda librar a otros.
Muéstrame mi bondad
para que vea con más claridad la suya.
Bendíceme, y que mi vida sea una bendición para el mundo.
Que el amor y solo el amor sea mi camino, querido Dios.
Amén.

CAPÍTULO 2

Reflejos de luz

La gente siente una necesidad casi patológica de «llegar a ser alguien», como si quienes ya son no bastara.

Para el ego, uno nunca da la talla. El ego no nos dice que hemos cometido un error, sino que somos un error. Pocos de nosotros, por muy atentos que fueran nuestros padres o muy sana nuestra crianza, alcanzamos la edad adulta sin un coro de voces en la cabeza que nos abuchea antes de que nadie más pueda hacerlo.

Por eso conocer nuestra naturaleza espiritual es tan importante para un sentido sano del yo. Si solo estamos pendientes de los juicios de valor del mundo, nunca tendremos la sensación de estar a la altura, porque el mundo está dominado por el feroz sinsentido del ego. Si nos aceptamos tal como Dios nos creó, comprendemos que no somos ni mejores ni peores que nadie. Todos somos especiales y nadie es especial. En el plano más profundo de nuestra identidad espiritual, todos somos creaciones perfectas de Dios.

Algo fundamental para entender esta idea es comprender de dónde venimos. *Un Curso de Milagros* afirma que tenemos un problema de autoría. Tendemos a considerarnos nuestros propios autores, una idea que es de una arrogancia increíble, si te paras a pensarlo. O pensamos que nos crearon nuestros padres, un espermatozoide y un óvulo que al parecer albergaban el poder mágico de generar sentimientos, esperanzas, obras de arte y un gran deseo de trascendencia.

Tu ser mortal es el resultado del acto sexual de tus padres, claro que sí, y tu personalidad mortal procede en muchos sentidos de la conducta de tus progenitores desde el momento de tu nacimiento. Pero nada de eso es tu Verdadero Yo. Tus padres terrenales criaron a este ser mortal, pero Dios es el padre de lo que eres en realidad. Siempre hemos vivido en Él y siempre viviremos en Él. El problema es que nos cuesta separarnos de nuestros padres y, sin embargo, nos separamos demasiado de Dios.

El ego es un impostor, un velo, un muro hecho de cristales rotos tras el cual se extiende un infinito jardín de rosas. Es una máscara con la capacidad de convencer de que somos ese impostor no solo a los demás, sino también a nosotros mismos. Pero tú no eres un cuerpo, no eres tu personalidad y no eres la mera suma de tus experiencias humanas. Eres algo que trasciende infinita y gloriosamente todo eso y tu mayor dolor es el anhelo de ser tú.

Hay muchas maneras de expresar todo esto, ninguna mejor ni peor que otra. Dios es un pensamiento de amor y tú eres una extensión de ese pensamiento. Dios es una causa amorosa y tú eres su efecto. Dios es el padre y tú eres su amado hijo. Jesús es alguien que materializó esa idea y, cuando te identificas con él, empiezas a identificarte contigo mismo.

*

Principios apocalípticos

Cuando me paro a mirar cómo ha sido mi vida, la resumo más o menos así: «Me podría haber pasado de todo».

He conocido a muchas personas sumidas en circunstancias terribles que bien podrían haber sido las mías. Un giro distinto aquí o una mala decisión allá y podría haber acabado en la cárcel, drogadicta, en la calle o incluso muerta. He conocido de cerca el sufrimiento más extremo, y sé que, de no ser por la gracia de Dios, yo también podría estar ahí.

Jugué demasiado con fuego cuando era joven y tuve muchas oportunidades de autodestrucción. El hecho de que escapara del desastre por los pelos me empujó a tomar una decisión muy poderosa: pasar el resto de mi vida convenciendo a los demás de que no fueran tan tontos como había sido yo. Tomarme la vida más en serio. Ser más responsable conmigo misma y con los demás. Hacer lo posible por ser la mujer que Dios quería que fuera.

No es una mentalidad santurrona. Se trata sencillamente de la gratitud y la exaltación que sentimos millones de personas al saber que algo más grande que nosotros nos rescató de los infiernos. De esas situaciones extremas se derivan también cosas buenas, incluido el desarrollo de cierto tipo de anticuerpos emocionales. Una vez que has visto lo peor, no te asustas tanto cuando vuelves a verlo.

Paradójicamente, que tantas personas hayan pasado por esta experiencia es una de las realidades más esperanzadoras del mundo actual. Significa que estamos preparados para lo que viene a continuación. Si bien muchos cristianos tradicionales piensan que el Apocalipsis está al caer, y después habrá un milenio de paz, el místico interpreta de otro modo este fragmento de la Biblia.

Muchos ya hemos experimentado un apocalipsis personal. Para algunos habrá sido un diagnóstico de cáncer. Para otros, dejar de beber. Algunos habrán sufrido una pérdida inconcebible, la ruina o un divorcio. Y hemos salido más sabios de la experiencia. Igual que Jesús debería aparecer durante ese milenio de paz, en cierto modo se nos ha aparecido a nosotros. Y hemos adquirido una sabiduría que, combinada con la sabiduría de los otros, puede salvar el mundo y lo salvará.

O eso o hay grandes probabilidades de que provoquemos un apocalipsis global. No podemos elegir nuestras lecciones, pero podemos decidir entre aprender a través de la alegría o hacerlo a través del dolor. Si rechazamos el camino de la sabiduría, el mundo podría saltar en pedazos. Si los que optamos por hacer caso del saber que nos ha brindado la vida somos suficientes, evitaremos una calamidad global y podremos avanzar directamente hacia la paz mundial.

Tanto en un escenario como en el otro, cuando el apocalipsis haya terminado, Jesús nos estará esperando. Según la interpretación mística, ya está con nosotros ahora para mostrarnos cómo evitar la oscuridad y avanzar directos a la luz. Él ya ha trascendido. Nosotros podemos trascender también.

El poder de la mañana

Yo procuro abordar la oración y la meditación matutinas del mismo modo que abordo el ejercicio físico. Si lo hago así, me funciona. Requiere trabajo desarrollar los músculos conductuales, igual que requiere trabajo fortalecer los músculos físicos. Podemos emplear el ejercicio espiritual para contrarrestar la gravedad emocional de la victimización y la ira, de la vergüenza y el odio a uno mismo, como entrenamos el cuerpo para contrarrestar la gravedad física. El Jesús místico es una especie de entrenador espiritual. No puede hacer el trabajo por nosotros, pero puede enseñarnos a hacerlo.

No hay un momento mejor que las primeras horas de la mañana.

Cuando estaba embarazada de mi hija, hace muchos años, notaba la gran cantidad de cosas que sucedían en mi interior cuando sencillamente me sentaba con los pies en alto a tomarme una manzanilla. Sentía un inmenso asombro ante la idea de que una nueva vida se estuviera creando en mi cuerpo. La manera ideal de contribuir al proceso era cultivar el silencio, la calma y la paz interior, tanto para mí misma como para el ser que llevaba dentro.

Ahora siento un asombro parecido ante la vida que se gesta en el útero de la conciencia. A veces, lo mejor que podía hacer por el bebé que llevaba en el vientre era sentarme tranquilamente y limitarme a ser. De igual modo, una vida que está gestando mayor conciencia requiere calma y descanso. La paz interior ofrece un terreno fértil para el nacimiento del yo místico. También es nuestro objetivo último.

Dar a luz a un ser humano, así como dar a luz a una versión superior de uno mismo, significa que estamos participando en el nacimiento de un nuevo mundo. Igual que la especie no puede sobrevivir si no concebimos suficientes niños, tampoco lo hará si no engendramos suficiente sabiduría.

El esfuerzo por devenir más conscientes espiritualmente requiere cambios tanto en el plano interior como en el exterior. En palabras de Martin Luther King, necesitamos «cambios cualitativos en las almas, así como cambios cuantitativos en nuestras circunstancias». Algunas de estas transformaciones atañen al estilo de vida, especialmente a lo que hacemos durante las primeras horas del día. Todas las grandes tradiciones religiosas destacan la importancia de la mañana.

Cuando estamos recién levantados, la mente está más abierta a las nuevas sensaciones. En ese momento descargamos el estado de conciencia que dominará la jornada. Tenemos la sagrada responsabilidad hacia nosotros mismos de decidir cuál será esa descarga: ir directos a las redes sociales, por ejemplo, en lugar de empezar por acudir a Dios, sería como desayunar un tazón de golosinas. Al cuerpo no le conviene, y tampoco a la mente.

La mañana debería ser sagrada, unas horas en las que nos centramos en una visión reverente de nosotros mismos, de nuestras relaciones y del mundo. Es el momento ideal para invocar la luz de manera consciente con el fin de que la oscuridad no nos abrume. Teniendo en cuenta el caos que caracteriza el mundo actual, someterse al punto de vista del ego a primera hora de la mañana es un inmenso gesto de autosabotaje.

No debemos crear el mundo: el mundo ya está creado, y de maravilla. Nuestro problema es el apego que sentimos hacia el mundo irreal que lo oculta.

El mundo a este lado del velo es el reino del ego, en el que se imponen los pensamientos temerosos y limitadores. A través de los ojos del Espíritu Santo, obtenemos la capacidad de ver más allá de esa cortina. Si vencemos el apego a uno de los mundos, seremos capaces de acceder al otro. Más allá de este mundo hay un mundo que deseamos* (L.E., Lec. 129).

Depende de nosotros decidir qué ámbito de la realidad queremos ver en la gran pantalla que ocupa nuestro espacio mental. No obstante, según *Un Curso de Milagros*, deberemos sacrificar la visión de un mundo para poder obtener la visión del otro. Centrarnos por la mañana en la paz y la calma, el amor y el perdón constituye una de las medicinas más poderosas que podemos administrar a nuestras almas heridas. La liberación espiritual no sucede de golpe: se trata más bien de rendirse con suavidad. El Jesús místico es la energía suave que habita en el centro del ser y el protector de la mente mística.

Nos despertamos por la mañana y nos duchamos para retirar la suciedad del cuerpo. Lo hacemos con la intención de limpiar las impurezas físicas que arrastramos del día anterior. Si queremos hacer lo propio en un plano mental, tendremos que recurrir a la meditación, la oración, el mindfulness o cualquier otra práctica espiritual. Nos duchamos para lavarnos la suciedad acumulada en el cuerpo y meditamos y rezamos para librarnos del estrés que acumula la mente.

El miedo y el caos del mundo actual no solo afectan al intelecto: también al sistema nervioso. Y eso debilita nuestra capacidad de actuar de manera efectiva. No podemos traer paz al mundo si nosotros no estamos en paz. No vamos a cambiar el mundo si seguimos siendo los mismos. «No os amoldéis al mundo actual, sino sed transformados mediante la renovación de vuestra mente» (Romanos 12, 2, *NVI*).

Por eso son importantes la oración y la meditación. Esta es un proceso científicamente contrastado que transforma las ondas cerebrales y genera en el cerebro cambios químicos capaces de promover una profunda experiencia de paz interior. El tiempo que pasamos meditando sirve para eliminar la placa mental que acumula nuestra psique: las capas de pensamiento egoico que tapan nuestros impulsos milagrosos y nos impiden acceder a la mente superior. Según *Un Curso de Milagros*, pasar cinco minutos por la mañana en compañía del Espíritu Santo nos garantiza que Él dirigirá nuestros pensamientos durante el día. Sentarse a leer textos inspiradores o fragmentos de las Escrituras y hacer luego un serio ejercicio de oración o meditación permite a la mente adoptar una actitud receptiva a algo que nos trasciende. Transforma nuestra experiencia existencial.

Las resistencias del ego a ese momento de calma y tranquilidad pueden ser muy fuertes, obviamente. Al ego le encanta tomar la vía directa hasta nuestro sistema endocrino, alimentar nuestra adicción a los pensamientos basados en el miedo y destruir el control de los impulsos. En ocasiones permanecer en silencio y no hacer nada requiere más disciplina emocional que enviar un mensaje impulsivo. Por eso, una de las actividades más debilitantes que podemos llevar a cabo es mirar el correo electrónico, Instagram o cualquier red social antes de meditar por las mañanas. Igual que ejercitamos los músculos físicos para estar en forma, tenemos que ejercitar los músculos espirituales para aumentar nuestra capacidad de permanecer en calma y no dejarnos llevar por las reacciones impulsivas.

Como soy madre, sé que ahora mismo muchas madres y padres están pensando: «¡Uf, no es posible hacer nada de eso por las mañanas! ¡Es evidente que esta mujer no sabe cómo son las mañanas cuando hay niños en casa!». El caso es que sí lo sé. Y he aquí lo que he descubierto: los niños reaccionan con entusiasmo cuando les decimos en voz baja: «Mirad, ahora nos vamos a quedar un ratito en silencio para estar con Dios, ¿vale? Nos vamos a sentar aquí juntos y vamos a amarlo». No me cansaré de repetir hasta qué punto es importante que los niños se acostumbren a este ejercicio espiritual. Intenta empezar cuanto antes, porque cuando llega esa fase en la que todo les molesta y ponen los ojos en blanco, es imposible iniciar este hábito.

Nada contribuirá más a reparar los daños en nuestra familia que cultivar la paz y la tranquilidad. El filósofo Blaise Pascal dijo que todos los problemas de la humanidad parten de su incapacidad de sentarse tranquilamente a solas en una habitación. El judaísmo y el cristianismo comparten la idea de una vocecilla interior, pero la cacofonía del mundo ahoga fácilmente esa voz.

Si por las mañanas no inundamos la mente con la luz de un amor superior, la oscuridad del mundo se abrirá paso hasta nosotros. La energía mental tomará un rumbo u otro, y si no la dirigimos de manera proactiva, la consagramos y se la entregamos al amor, servirá a los propósitos del miedo. Y, como es de suponer, eso nos alterará. En la actualidad, la iluminación o la neurosis son nuestras dos únicas alternativas reales.

Si ya has escogido una oración o meditación con la que te sientes cómodo, ahora intenta hacer esto también cada mañana: cierra los ojos, visualiza a las personas con las que vas a coincidir a lo largo del día, imagina a los desconocidos con los que podrías encontrarte y sencillamente envíales amor desde el corazón. Observa las imágenes que acuden a tu mente y visualiza a Jesús abrazándolos.

Somos demasiado tolerantes con las divagaciones de la

mente* (T., cap. 2, VI) y recorremos con despreocupación los callejones del miedo y el sinsentido que permean el mundo actual. Tenemos que silenciar la mente de manera consciente, con regularidad, si queremos oír la voz de Dios. El Jesús místico nos hablará, pero es nuestra responsabilidad desarrollar el hábito de la escucha. Sí, eso significa apagar la televisión y los iPads durante la cena. Sí, implica abandonar los patrones de pensamiento y de conducta adictivos. Y sin duda involucra saber cuándo apagar el teléfono.

Nada de eso es fácil, pero al menos podemos empezar a introducir cambios que promuevan el renacimiento. Cada pequeño gesto va a generar resultados profundos. Y nunca olvides que el Jesús místico te ayudará. Visualízate tomando su mano igual que un niño tomaría la mano de un hermano mayor. Él está siempre ahí. Piensa en él cuando quieras retirar el velo que tienes ante los ojos, cuando quieras ver más allá de las apariencias, cuando quieras atravesar las engañosas capas de ilusión que de lo contrario dominan tu mente.

Esta oración de *Un Curso de Milagros* constituye una poderosa directriz para tu mente subconsciente. Incorpórala a tu rutina espiritual diaria con el fin de que se cumpla la voluntad del Espíritu Santo.

> *¿Qué quieres que haga?*
> *¿Adónde quieres que vaya?*
> *¿Qué quieres que diga y a quién?** (L.E., Lec. 71).

Después, al final del día, una evaluación sincera de lo que hemos hecho durante la jornada es una forma poderosa de experimentar paz mental.

¿A quién tengo que perdonar?

¿En qué situación no he sabido actuar desde el amor? ¿Hay algo que deba reparar?

¿Cuál ha sido mi papel en el problema que me aquejaba?

¿Debo alguna disculpa?

¿En qué momento me he dejado llevar por los hábitos de la negatividad y la culpa?

¿En qué momento me he aferrado al pasado?

Medita cada una de las preguntas y perdónate a ti mismo y a los demás. Luego deposita la respuesta en manos de Dios y quédate en paz. Si hay algo que debas hacer al respecto, lo sabrás.

El nombre de Jesús posee cierta cualidad por la que resuena en la mente de inmediato. No digo que tenga poderes mágicos, sino que el cerebro reacciona a él de una manera concreta, como si fuera una medicina para el subconsciente.

Si un problema te parece insuperable, cierra los ojos e imagina a Jesús caminando sobre el agua. Si no eres capaz de creer que una situación va a cambiar milagrosamente, visualízalo transformando el agua en vino. Si adoptas una actitud de servicio, pero careces de los recursos que necesitas, imagínalo multiplicando los panes y los peces. Si tienes miedo, coge su mano y Él te guiará. Pues el Jesús místico es la mentalidad del amor puro y el amor puro expulsa el miedo.

Si tienes dificultades con alguien, visualiza a Jesús abrazándoos a los dos. Ruégale en silencio que te convierta en un recipiente de amor, reza para que el Espíritu Santo vierta su espíritu sobre los implicados y pídele que te emplee para contribuir a la sanación del mundo. Reza para ser capaz de ver y apreciar el valor de cada una de las personas involucradas. Visualiza a

Jesús rodeándoos a todos con los brazos. Imagínalo sentado a la mesa en la que vas a celebrar una reunión importante: intenta verlo abrazando a todos los presentes si vas a afrontar una conversación complicada.

Ninguna de esas visiones es una fantasía absurda.

Si abordas ese tipo de imaginario como si fuera un juguete, tendrá el mismo efecto que un juguete en tu vida. Pero si lo abordas como si contuviera el poder del universo, así será. En el mundo no hay nada tan poderoso como emplear la capacidad de la mente para ensalzar a Dios. No hace falta que pronuncies su nombre en voz alta o que hagas proselitismo de tu religión. Basta con que seas la persona que a Él le gustaría que fueras. «Predica el Evangelio» significa «entrega amor».

Como todas las mentes están unidas, cada persona está al corriente de todo en un plano subconsciente. Las personas con las que coincidas hoy no serán conscientes de que las has bendecido, pero lo notarán. No podrán precisar la razón exacta, pero se sentirán a gusto contigo.

Sucederá sin más.

Salvación

El Jesús místico rechaza y disuelve el poder del ego. Él nos enseña a amar en un mundo donde hacerlo suele ser complicado.

El nacimiento del yo místico es el compromiso de convertirnos en aquello que podríamos llegar a ser. Es la voluntad de que muera el viejo yo para devenir un yo superior. «El que ha hallado su vida la perderá; y el que ha perdido su vida por mi causa la hallará» (Mateo 10, 39, *VRJ*).

El renacimiento espiritual no es una salida fácil; más bien se parece a una entrada complicada. Y a menudo huimos de un trabajo tan arduo. Preferimos el dolor sordo de una vida inconsciente a los agudos calambres del autodescubrimiento.

Arrancar de raíz todo un sistema de pensamiento no es fácil. Desde la infancia nos han enseñado que somos entes separados. Nos han enseñado que el mundo es peligroso, que las porciones del pastel son limitadas, que nadie da la talla, menos aún nosotros, y cosas parecidas. Nos han enseñado de muchas maneras distintas que ser duro equivale a ser fuerte y que la bondad es debilidad, y hemos tenido que aprender por las malas que las conductas manipuladoras ahuyentan a los demás y que la humildad los atrae. Nos enseñaron que uno debe salirse con la suya a toda costa y que la gracia no es más que una quimera, cuando lo cierto es que hacer la propia voluntad a menudo equivale a autosabotaje y la experiencia de la gracia es milagrosa.

A pesar de todo, en un mundo que nos enseña a tener miedo, podemos entrenarnos para pensar de otra manera. Imagínate que contaras con una especie de entrenador personal interno que te acompañara todo el tiempo, un maestro que enriqueciera cada uno de tus pensamientos. Que te enseñara a amarte a ti mismo y a amar a los demás. Que te guiara por los caminos del perdón. Ese maestro es Jesús.

Si Shakespeare se presentara en tu casa y se ofreciera a enseñarte a escribir, ¿rechazarías la oferta? Si apareciera Picasso y se ofreciera a enseñarte a pintar, ¿le dirías que no? Eso hace Jesús, en cierto modo: se ofrece a enseñarnos a pensar con mayor claridad, a amar más profundamente, a vivir de manera más creativa, y lo hace para salvar a la humanidad de sí misma. Una vez que comprendas que la oferta es así de sencilla, sin condiciones, te lo pensarás mejor antes de rechazarla.

Lo único de lo que necesitamos «salvarnos» es del pensamiento que procede del miedo. Sin embargo, el miedo suele disfrazarse. Se hace pasar por pensamiento desarrollado, que nos exige que aceptemos su autoridad. El odio a uno mismo se puede disfrazar de amor propio, el egoísmo puede hacerse pasar por autocuidado y expulsar a un hermano de nuestro corazón a menudo se disfraza de límites sanos. Lo último que desea el miedo es que caigamos en la cuenta de que nosotros somos la fuente principal de nuestros problemas.

El Espíritu Santo está apostado en la valla que separa el ser en paz eterna con Dios del yo perdido en la confusión egoica del mundo. Te ve como eres en realidad y ve también tu personalidad terrena. Aún más relevante, ve y comprende la brecha entre los dos.

Recurriremos a nuestro Maestro Interno para que transforme nuestros pensamientos a fin de que, incluso en este mundo, podamos experimentar la verdad de nuestro yo eterno.

Lo haremos entregándole hasta el último pensamiento que acuda a nuestra mente y pidiéndole que elimine los elementos de distorsión y de temor para luego devolvernos esos pensamientos transformados.

Un ejemplo sería el siguiente: una persona de tu entorno te trata de forma poco amable, poco amorosa o irrespetuosa. Tú reaccionas de distintas maneras, todas basadas en tus heridas de infancia u otros factores. Sientes la tentación de cerrarle el corazón (juzgarlo, ponerte a la defensiva, etc.) porque sientes que esa persona te ha cerrado el suyo.

El ego querrá que te victimices, que te sientas agraviado, que te defiendas o que le devuelvas el ataque de algún modo. Pero defenderse es una forma de ataque y ahora los dos, esa persona y tú, estáis atrapados en la espiral del sufrimiento. Y la ofensa inicial podría ser cualquier cosa. Podría ser una transgresión grave o algo tan tonto como un comentario desafortunado en Twitter. Aun las pequeñas ofensas, según se van acumulando en el tiempo, pueden llegar a provocarnos angustia, desvitalizarnos y deprimirnos. Una ola de mala intención empieza a crecer colectivamente, pues toda la sociedad nota el efecto de esos gestos de desamor, a veces sutiles, a veces intensos, que empiezan a flotar en el ambiente.

Pero hay otro camino. El viaje empieza en el reino de la transformación personal y con el tiempo se hace notar en toda la sociedad. Cuando rezamos por nosotros, estamos rezando por el mundo.

Querido Dios:
La conducta de ______ me ha irritado y me ha lastimado.
Su desamor me ha despertado sentimientos desagradables
y no me siento en paz.

Te entrego lo que estoy sintiendo
y te pido que lo transformes.
Estoy dispuesto/a a sentir algo distinto.
Estoy dispuesto/a a contemplar la situación
desde otra perspectiva.
Te ruego que me muestres la bondad de esa persona y la mía
para poder encontrar la paz.
Amén.

La oración nos cambia en el plano causal. Los efectos de ese cambio se manifiestan de inmediato.

Todo pensamiento es, o bien de amor, o bien de temor. Cualquier pensamiento negativo es una expresión del miedo. En realidad, todos los problemas son el mismo (el miedo) y hay una sola respuesta (el amor).

El amor es nuestro estado natural. Sin embargo, el mero hecho de vivir en este mundo nos expulsa de ese estado ideal. Ese es el significado espiritual de la expulsión de Adán y Eva del jardín del Edén. Todos arrastramos esa herida primordial, incluida la persona que te ha tratado de manera poco amable. Si bien el amor de Dios debería verterse en nosotros y extenderse por nuestro interior, las heridas que acarreamos crean obstrucciones e impiden que ese amor fluya sin trabas. Cuando se te cruzan los cables, es el ego el que se pone al mando. Sucede porque, por la razón que sea, en ese momento sentimos que expresar amor implica renunciar a ver satisfechas nuestras necesidades. Nos quedamos atrapados en esa situación y nuestros ojos se cierran a la realidad de lo que somos.

Eso fue lo que le pasó a la persona que te hizo daño. Cerró los ojos a su verdadera naturaleza y, al hacerlo, fue incapaz de ver quién eres tú en realidad. Sin embargo, el mayor problema es lo que ocurre a continuación. Si alguien cierra los ojos a su verdadera naturaleza y, en consecuencia, es incapaz de verte a ti, la tentación te induce a dormirte a tu vez. Tu misión —y tu milagro— será permanecer despierto.

Puedes ampliar tu percepción más allá de la conducta errada y poco amorosa de la persona que te ofende, y optar por ver su bondad. Puedes estar dispuesto a recordar lo que ya sabes en el fondo de tu corazón: que es un hijo de Dios tan inocente como tú, y que no debes tomarte su conducta como un ataque. Está sumido en una pesadilla y tú no estás obligado a formar parte de ella. Puedes contemplar su conducta desde otro punto de vista: lo que no es amor se puede considerar una petición de amor.

Eso no significa que la otra persona no sea responsable de sus actos. No significa que no debas mantener una conversación con ella. No significa que debas entregarte a sus patrones de conducta destructivos. El perdón implica únicamente que te elevas a una vibración mental superior, desde la cual —y solo desde ella— serás capaz de expresar un sí o un no, siempre desde un estado de conciencia, no de reacción. Y así, permaneciendo despierto, contribuirás a despertar también a la otra persona.

Estamos sometidos a las leyes del mundo con el que nos identificamos. Si decido percibir tu culpa como algo real, los efectos de esa culpa serán reales para mí. El perdón nos libera de esos efectos. Si estoy dispuesta a mirar más allá de tu inocencia o de tu culpa, me libero de los efectos de ambas. Al liberar al otro, nos liberamos a nosotros mismos. Y si reconocemos que, a la postre, solo el amor es real, solamente el amor nos afectará.

El perdón reinicia así la trayectoria de una relación. Rompe el velo y nos devuelve a la unidad. Ese es el milagro que nos libera.

En ese momento, la gente podría empezar a decirte que has caído en la negación.

—No —insistirán—, por supuesto que eso ha sucedido. Tienes todo el derecho a estar enfadada.

Pues claro que tienes derecho a estar enfadado: tienes derecho a sentir lo que sientes, sea lo que sea. Pero no, no necesitas estar enfadado. Lo que necesitas es estar despierto.

Seguir al Jesús místico no te resta agudeza psicológica. No hay mayor inteligencia psicológica que saber moverse por las regiones más profundas de la mente. Y eso es el espíritu: la región más profunda de la psique.

La elección de ampliar la propia percepción más allá de la culpa de alguien no es negar la verdad: es negar una mentira. No discutes que algo ha pasado, solo niegas que ese algo tenga poder sobre ti. No desvías la mirada: miras más allá y lo trasciendes. Amplías tu percepción hasta la luz que disuelve los efectos de la oscuridad.

Hoy día muchas personas conocen el concepto de baipás espiritual: la idea de que pintamos de rosa un problema y fingimos que no existe. Eso significa que nos saltamos el paso, tan importante, de aceptar el dolor, lo que equivale a negar la realidad.

Pero no es eso lo que proponemos aquí. De hecho, hablamos precisamente de estar aún más conectados con nuestros sentimientos: emociones como ira, vergüenza, humillación, turbación, rechazo y odio a uno mismo. Cuando seguimos al Jesús místico, no nos engañamos pensando que los sentimientos negativos se van a disolver por el hecho de analizarlos o que tenemos el poder de borrarlos por mera fuerza de voluntad. Más bien los sacamos a la luz para entregarlos. La depuración espiritual se parece mucho a una depuración física: las cosas tienen que salir para ser liberadas. Jesús no puede llevarse aquello que no le entregamos. Decimos: «Me siento así, pero estoy dispuesto a mirarlo desde otro prisma». Es una manera más poderosa de modificar las emociones que el mero gesto de pedirles que desaparezcan.

Y entonces sucede el milagro: no solo cuando «soltamos» un sentimiento, sino cuando lo ponemos en manos de Dios. Estamos dispuestos a vislumbrar el amor que hay más allá del dolor, ya sea un amor que no supieron demostrarnos o un amor que no supimos recibir.

El altar de nuestras ofrendas a Dios está en la mente, y poner algo en ese altar implica ofrecer allí nuestros pensamientos sobre eso. Lo que hemos colocado en él se transforma. Estamos dispuestos a mirarlo de otra manera. Estamos dispuestos a que nuestros pensamientos se eleven a un plano superior. Y cuando lo hacen, al fin nos sentimos en paz.

Hacia la iluminación

Imagina que, desde tu nacimiento, todas las personas que has conocido y todo lo que te ha pasado hubieran sido experiencias marcadas por la compasión, la misericordia y el amor en su grado más alto. Imagina cómo serías si esa hubiera sido tu experiencia.

Ahora piensa cómo eres en la actualidad. Intenta identificar en qué situaciones tus reacciones emocionales están marcadas por el miedo, en qué momentos careces de confianza o de seguridad en ti mismo, en qué circunstancias te cuesta adoptar una actitud positiva. Esas situaciones, momentos y circunstancias no indican fallas en tu persona, sino heridas. Sin embargo, los demás no siempre perciben las heridas como tales: es más probable que se perciban como defectos de la personalidad, y eso nos predispone a sentir aún más dolor, si cabe.

Todos tenemos defectos, como es natural. Pero la salvación radica en nuestra predisposición a cambiar de manera de ser. Y no hace falta embarcarse en un análisis interminable para averiguar por qué somos como somos. En algún momento renunciarás a entender por qué eres una persona dependiente, negativa, dominante o manipuladora. Sencillamente comprenderás que lo eres, lo reconocerás y le pedirás a Dios que te cambie.

Querido Dios:
Sé que soy duro/a cuando tendría que ser blando/a,
débil cuando tendría que ser fuerte,
sentencioso/a cuando tendría que ser misericordioso/a.

Estoy dispuesto/a a cambiar.
Por favor, enséñame cómo hacerlo.
Amén.

Examina tu personalidad como si te vieras desde las alturas. Observa cómo te presentas ante el mundo y pregúntate sinceramente cómo te relacionas con los demás. Medita el hecho de que la vida que estás viviendo es la consecuencia de la persona en la que te has convertido.

Las decisiones que tomamos en cada momento definen la persona que somos ante el mundo. En cada instante decidimos, consciente o inconscientemente, si afrontamos la vida con el corazón abierto o cerrado, si aceptamos la bondad de los demás y nos expresamos desde el amor o si nos encerramos en la autoprotección, la crítica y el dolor no procesado. «Actuar como si» significa practicar hasta que se vuelve real. Y lo que descubrimos al hacerlo es que poner algo en práctica lo vuelve real.

Mi amiga Kathy, que es de Georgia, suele llamar «mi amor» a casi todas sus amigas. Un día decidí probarlo y me sorprendieron los cambios que sentí al hacerlo. Como soy de Texas, ya solía llamar «cariño» a mis amigas, pero decirles «mi amor» era dar un paso más. No sé si seguí haciéndolo, pero recuerdo muy bien el cambio que sentí cuando empecé. Es difícil hablarle mal a alguien que te llama «mi amor».

Las palabras no son la mera expresión de un pensamiento: también generan pensamiento. Y cada pensamiento nos lleva —a nosotros y a las personas en derredor— directos al cielo o al infierno. Según *Un Curso de Milagros*, el cielo no es una circunstancia ni un lugar, sino la conciencia de nuestra unidad. Y el infierno es el estado de ansiedad que nos invade cuando nos sentimos separados de los demás. Tampoco vamos al cielo o al infierno después de la muerte: el cielo y el infierno están aquí, en cualquier momento. Cada pensamiento nos acerca a la conciencia de nuestra unidad o a la ansiedad de sentirnos solos y aislados. De nuevo, no tiene nada que ver con lo que hacen los demás. Recibimos aquello que elegimos dar.

La decisión de quién vamos a ser en un momento dado es más importante que cualquier otra, porque determina todas las demás elecciones y también influye en ellas. Si me considero una víctima, me comportaré como una víctima y proyectaré la imagen de ser una víctima. Si me considero inferior, me comportaré como una persona que no da la talla y los demás me verán así. Si critico a los demás, adoptaré conductas ofensivas y mantendré el amor lejos de mí.

Ahora bien, todos esos juegos peligrosos pierden la gracia al cabo de un tiempo, no solo para nosotros, sino también para las personas que tenemos cerca. Se me ocurren pocas experiencias más vergonzantes que mirar alrededor y descubrir que das pena... o algo peor.

Quizá en ese preciso instante comprendas que tu manera de proceder no está funcionando: ese momento en el que te hartas de estar siempre mal. Es entonces cuando la gente cae de rodillas y procura dejar atrás sus patrones habituales de autosabotaje y dolor.

Como es obvio, no hablo de una epifanía que lo transforma todo de golpe. El hecho de comprender que tenemos que cambiar no significa que sepamos cómo hacerlo. A menudo, nuestros músculos emocionales se han agarrotado en torno a hábitos mentales adoptados tanto tiempo atrás que ya ni siquiera recordamos su origen. Después se agazaparon en la mente subconsciente y desde allí siguieron dictando nuestros pensamientos y conductas.

Cuando yo era joven, las mujeres no tenían acceso a muchos de los puestos de poder a los que acceden ahora. Daba la sensación de que había que abrirse paso con uñas y dientes a espacios en los que los hombres entraban más fácilmente.

Descubrí —y creo que muchas mujeres de mi edad habrán vivido la misma experiencia— que incluso después de que esas puertas se abrieran, cuando ya no tenía que recurrir a las garras, era incapaz de esconderlas. Cierta hostilidad se había convertido en un hábito mental, como una especie de músculo emocional atrapado en un calambre constante. Imaginaba adversarios que no existían y sufría las consecuencias de tratar a todo el mundo como si fueran enemigos. Pues, si no propagamos amor, proyectamos miedo. Inconscientemente predisponemos a los demás a cumplir esas expectativas destructivas.

El ego no niega que estés sufriendo. Se limita a culpar de tu sufrimiento a los demás, algo que perpetúa la sensación de separación, porque las personas que aparecen en tu vida te decepcionan una y otra vez. Lo que el ego te oculta son las inteligentes trampas subconscientes que les tiendes para que lo hagan.

El renacimiento espiritual no es un proceso fácil: como el nacimiento físico, puede ser caótico y difícil. Requiere una sinceridad brutal con uno mismo, pues exige reconocer qué partes de nosotros deben morir.

En primer lugar, nos damos cuenta de que cierto patrón pertenece al ego, que es disfuncional y que no nos sirve. Pero eso no significa que vaya a desaparecer sin más: no implica que abandonemos el patrón de inmediato. En todo caso, el patrón estará más presente, se tornará más evidente, como si el Espíritu Santo hubiera acercado una lupa a ese aspecto de nuestra personalidad para que no tengamos más remedio que prestarle atención.

Por eso, cuando nos comprometemos con seriedad a emprender un camino espiritual, a menudo tenemos la sensación de que las cosas empeoran antes de mejorar. Los defectos de carácter ya se manifestaban antes, pero estábamos medio anestesiados en ese aspecto y podíamos seguir adelante fingiendo que no suponían un gran problema. Sin embargo, una vez que admitimos que están ahí, empieza el trabajo. Puede que todavía nos comportemos de manera disfuncional, pero ya no podemos fingir que no está ocurriendo.

Admitir nuestros problemas es positivo, pero el ego actúa entonces con mucha astucia. Al ego le encanta hablar de sí mismo y disfruta enormemente esta parte del proceso. No sirve de nada que reconozcamos la sombra si nos empeñamos en culpar a otro de ser como somos.

Contrariamente a lo que sostienen distintas tendencias psicoterapéuticas, no importa cómo se originaron tus patrones neuróticos. Algunos dicen que proceden de mamá y papá, de modelos sociales o ancestrales, y es posible que sea cierto. Pero desde el punto de vista metafísico, todo comenzó hace eones, con el primer pensamiento de separación. Y desde entonces no hemos dejado de repetirlo. Lo importante no es de dónde procede el miedo, sino que está instalado en nuestro cerebro. Y analizar la oscuridad no basta para encender la luz.

El origen de los problemas emocionales carece de importancia hasta cierto punto, porque ahora son tuyos. Y da igual cómo fueran tus padres, porque Dios puede ser tu nueva figura parental. Tus padres dieron vida a tu yo mortal; el mismísimo Dios alumbró a tu verdadero yo.

No sanamos en el pasado, sino en el presente. No estamos estancados porque alguien nos negara su amor en el pasado, sino por el amor que nos negamos a prodigar ahora mismo. En este instante podemos elegir algo mejor. Pero no siempre es fácil y a menudo requiere algo más que pensamiento positivo. En ocasiones no basta con recordarnos que debemos actuar de otra manera. En ocasiones necesitamos la ayuda de Dios. Y, mira por dónde, Él siempre está ahí.

Positivamente tú

El ego no es más que una falsa creencia, pero las creencias —en particular aquellas de las que no somos conscientes— son muy potentes. El ego es el poder de tu mente empleado contra ti mismo, a diferencia de lo que hace tu verdadero yo.

El ego empleará hasta la más mínima prueba que encuentre para elaborar su caso contra ti: eres mediocre, demasiado pobre, aburrido, inculto, demasiado joven o mayor o lo que sea que pueda probar tu poca valía.

Si estás al borde del fracaso, lo convertirá en miedo a fracasar. Te dirá que eres un perdedor y se asegurará de que te dé miedo volver a intentarlo.

Si estás al borde del éxito, lo convertirá en miedo a triunfar. Te predispondrá a una caída diciéndote que sabes más de lo que sabes en realidad.

Si tienes una relación, lo convertirá en miedo a la intimidad. Te advertirá de que no es seguro ser vulnerable y erigirá barreras que te impedirán profundizar en ella.

Si no tienes una relación, te convertirá en una persona desengañada. Insistirá en que nunca vas a encontrar el amor y en que de todas formas ahí fuera no hay nadie que valga la pena.

El ego usará cualquier cosa —de tu pasado o de tu presente— para convencerte de que el mundo es un lugar peligroso y de que nadie —ni siquiera tú— da la talla.

Cuando albergamos esos pensamientos, nos marchitamos. Estamos a la defensiva en lugar de abrir el corazón, criticamos en lugar de perdonar, encontramos razones constantes para culpar en vez de bendecir y buscamos maneras elaboradas de expulsar a los demás de nuestro corazón.

La ansiedad y la depresión que se derivan de tal situación no implican que tú tengas un problema. Es dolor del alma. El dolor del alma es una respuesta funcional al hecho de vivir una vida que choca frontalmente con nuestra verdadera naturaleza y con el motivo por el que estamos aquí. Igual que el cerebro modula el dolor cuando hay una lesión en el cuerpo, la psique modula el dolor emocional cuando el alma está herida. E igual que no puedes tratar una lesión simplemente adormeciendo el dolor, no puedes tratar una herida del alma entumeciéndola.

Para demasiadas personas, la condición humana es una pesadilla mental y, como cualquier pesadilla, nos parece muy real cuando estamos dentro. El único modo de escapar es despertar. Por eso a los maestros iluminados se los llama Maestros del Despertar: han despertado de la ilusión que domina el mundo.

El propósito de la vida es la sanación de las heridas que nos inflige el hecho de vivir en este mundo, y ayudar a los demás a sanar. Jesús está en tu mente para recordarte lo que eres, para recordarte que eres más que suficiente, que él está contigo y que los milagros son tu legado natural.

No eres mejor ni peor que nadie. «Todos los hijos de Dios tienen el mismo valor»* (T., cap. 11, VI). Tú eres como Dios te creó. Recordarlo te libera de toda clase de dolor psíquico.

Tus errores no pueden deshacer lo que Dios ha creado. El ego es aquello que nos induce a errar y también aquello que nos castiga con ferocidad por haber errado. Dios no nos envía al infierno, sino que nos rescata de él. Desea que corrijamos nuestros errores, no castigarnos por ellos. La expiación es una expresión de la infinita misericordia de Dios, un modo de volver a sintonizar con nuestra bondad por más que nos hayamos alejado de ella.

Otra manera de vivir implica otra manera de ser. Otra manera de ser requiere otra manera de pensar. Otra manera de pensar deviene otra manera de actuar. Y otra manera de actuar crea una vida distinta.

Una de mis citas favoritas, atribuida a la novelista George Eliot, reza: «Nunca es demasiado tarde para ser lo que podrías haber sido». Recuerdo la impresión que me causó esta frase la primera vez que la leí y todavía pienso que rezuma verdad siempre que me topo con ella.

Podemos alumbrar una versión mejor de nosotros mismos. Podemos sanar las heridas que pertenecen a un yo con el que ya no nos identificamos.

De nuevo, ¿pensar así es negación? Sí, es una negación positiva. Implica negar los efectos de una mentira y afirmar el poder de una verdad que ya no podemos desestimar.

Tú eres una creación de Dios eterna e inalterable. Tu verdadero yo es un archivo imborrable. El hecho de que no lo hayas elegido o ejecutado no implica que haya desaparecido del ordenador.

Hay algo dentro de ti que sabe cómo vivir una vida radiante: Dios te ha programado para ello. El problema es que piratearon tu ordenador interior. La impotencia aprendida es un ardid que el ego suele emplear para convencerte de que eres defectuoso y así asegurarse de que lo sigas siendo. La voz que te dice que no puedes cambiar no es la voz del amor. Deja que se imponga la voz de Jesús.

Y, como pasa con todo, la práctica conduce a la perfección.

No hay trabajo más importante en la vida que convertirse en la persona que uno podría llegar a ser. Sin embargo, al ego le encanta integrarse en el proceso. Nos dará incontables excusas para justificar nuestro mal comportamiento mientras «trabajamos en nosotros mismos». De modo que sí, necesitamos aceptar la sombra, pero también tenemos que aceptar la luz. En la separación radica tu debilidad, y en la unidad con Dios radica tu fuerza. Jesús es un modo de recordar que esa fuerza está ahí.

El espíritu es el empleo de la mente desde el amor. En consecuencia, la salvación es un proceso psicológico. El cambio fundamental consiste en pasar de la obsesión constante y casi patológica por analizar la oscuridad a la resolución proactiva y creativa de recibir, acoger y encarnar la luz. Al recordar a Jesús, recuerdas lo que puedes llegar a ser.

Hace años, en una de mis conferencias, una mujer me preguntó qué podía hacer para dejar de comportarse como una madre gruñona con su marido. El público me miró ansioso por saber si se me ocurría algo que pudiera ayudarla a desarmar ese patrón de conducta disfuncional.

La respuesta que le di estaba basada en años de experiencia propia y con otras personas.

—Sí, hay algo que puede hacer —le dije despacio—. Dejar de hacerlo.

Ella lo entendió. Lo vi en la expresión de su rostro. Y la sala también lo captó. Hay más poder en la práctica de ser la persona que deseamos ser que en analizar una y otra vez por qué aún no lo hemos conseguido. El ego sencillamente intenta ocultarnos que siempre podemos escoger.

No existe una oración más potente que la siguiente: «Querido Dios, ya sé que me comporto de tal manera, pero estoy dispuesto a no volver a hacerlo. Deseo cambiar. Por favor, enséñame cómo hacerlo. Amén».

Eso no significa que de ahora en adelante todo esté solucionado, problema resuelto, personalidad cambiada. Significa que estamos en el buen camino: hemos iniciado un proceso de transformación fundamental.

Afrontar nuestros defectos es una forma de abordar las heridas asumiendo nuestra responsabilidad en lugar de culpar a los demás. Y, cuando lo hacemos, el universo nos apoya. Una vez que aprendemos a hacer las cosas bien, nos desenvolvemos aún mejor en las situaciones que antes nos hacían tropezar, porque hemos ganado en humildad. Puede que nos hayan puesto en nuestro sitio, y eso no siempre es malo: a veces es justo lo que necesitamos.

Hace años conocí a una mujer con una gran personalidad, divertida y simpática, pero también grandilocuente, escandalosa y exagerada. Lo pasabas bien con ella, desde luego, pero la mayoría de la gente habría dicho que era un tanto pesada.

Un par de años después de conocerla, estaba mirando un nuevo programa de humor que triunfaba en la televisión. Apareció un personaje que debía de estar inspirado en ella. La misma ciudad, la misma profesión y la misma pose. Era divertido, sí, pero no pude dejar de pensar hasta qué punto se iba a sentir humillada cuando lo viera. Millones de personas, literalmente, se reían de ella tanto como con ella.

Cuando volví a verla, cosa de un año más tarde, saltaba a la vista que había cambiado. Emanaba calma, humildad e incluso cierta elegancia que no esperaba ver en ella. No quería abochornarla mencionando el programa de humor, pero comenté que la veía distinta.

Me miró como diciendo: «Vale, déjate de rollos, Marianne». Y se limitó a responder:

—Qué remedio. O eso, o me habría muerto.

Bravo por ella. Atravesó el fuego y salió más hermosa al otro lado. Aprendió a base de dolor, pero aprendió.

SU PODER SUPERA CUALQUIER PODER DEL MUNDO

En realidad no existe un mundo fuera de nosotros, pues todo lo que vemos es una proyección de nuestros pensamientos. Como todas las mentes están unidas, al sanar mi propia vida estoy contribuyendo a la sanación del mundo.

Puedo fingir que formo parte de un cambio global evolutivo si no estoy dispuesto a transformarme. Todo lo que hacemos lleva impresa la huella de la conciencia desde la que actuamos; en consecuencia, nuestros pensamientos, así como nuestros actos, influyen en el mundo. Un embarazo, sea para alumbrar a una persona o una civilización, empieza con la concepción, la gestación y por fin la llegada al mundo.

El Segundo Advenimiento es una experiencia tanto individual como colectiva de rememoración o renacimiento. A medida que nuestra relación con Dios se torna más real, según profundizamos en nuestra práctica y nos tomamos más en serio los principios espirituales, empezamos a atraer a aquellos cuyos deseos de sanar el mundo son similares a los nuestros. Puede que hayan desarrollado una conciencia espiritual o puede que no, pero se caracterizan por su voluntad de dedicar la vida a hacer del mundo un lugar mejor.

Atraemos a nuestra experiencia aquello que resuena con nuestra conciencia: es una ley de la naturaleza. Cuanto más elevamos nuestros pensamientos sobre los estrechos confines de la mente egoica, más atraemos a nuestra experiencia a personas con pensamientos igualmente elevados. Y todo ello responde a un plan. La expiación funciona no solo en el plano individual, sino también en el colectivo. Pues igual que hay un plan individual para cada uno de nosotros, existe un plan para la salvación del mundo que incluye la matriz de nuestras relaciones. Cuanto más progresamos espiritualmente, más «compañeros poderosos»* (M.M., cap. 4, I) se unen a nosotros, compañeros que, como uno mismo, se dedican a los asuntos del Padre. Es posible que no compartan el lenguaje, pero todo el mundo está en un camino espiritual, aunque no sean conscientes de ello. Cualquiera que esté al servicio del amor está trabajando por el Dios del universo. No solo los individuos, sino también las relaciones albergan el potencial de expandirse más de lo que la mente mortal puede imaginar.

Del mismo modo que las células del cuerpo se dejan guiar por su inteligencia natural cuando colaboran con otras células para contribuir al sano funcionamiento del órgano o el organismo del que forman parte, nosotros estamos imbuidos de una inteligencia natural que nos induce a colaborar con los demás al servicio de un bien mayor. El amor es ese bien mayor.

Igual que el roble está contenido en la bellota, tú llevas dentro tu yo iluminado. E igual que cada pimpollo está programado para convertirse en flor, tú y yo estamos programados para expresar nuestro máximo potencial.

No obstante, el libre albedrío dicta que podemos decir no a la transformación. Podemos obstruir el proceso de nuestra máxima evolución y cerrar el corazón a Dios y a los demás. De hecho, sentimos la tentación constante de cerrar el corazón y, al hacerlo, nos autosaboteamos.

El Espíritu Santo es una especie de radar espiritual que siempre se antepone a los dictados del ego. Sin embargo, si no llevamos a cabo una práctica espiritual regular, no seremos capaces de desarrollar el hábito mental de escuchar y seguir sus indicaciones. Las señales están ahí, pero demasiadas veces les hacemos oídos sordos. El mundo es muy ruidoso y Dios habla con voz muy queda. «El ego siempre habla primero y habla en un tono más alto»* (T., cap. 5, VI). Tenemos que aprender a acallar la mente para oír a Dios.

Cada circunstancia, cada encuentro, cada relación llevan programado un potencial divino. Cada situación nos ofrece la posibilidad de ser nuestra mejor versión, así como el desafío de no retomar los patrones del ego que arrastramos del pasado.

Las resistencias del ego a seguir este programa son intensas. Como la conexión con el alma disuelve el ego, sus defensas están siempre en guardia. Las principales armas de su arsenal son los pensamientos negativos, sutiles o evidentes, hacia otras personas o incluso hacia nosotros mismos. Criticamos con más facilidad que perdonamos. El ego no ama a los demás: los explota. Siempre que nuestras mentes se plieguen a las demandas del ego, seguiremos destruyendo nuestras relaciones, se prolongará nuestro sufrimiento y el mundo continuará decayendo.

Dios nos ama a todos por igual. Se nos ha encomendado la tarea de armonizar nuestro pensamiento con el suyo, para poder pensar como piensa Dios y amar como ama Dios. La voluntad de Dios implica intención amorosa. Cada uno de los pensamientos que nos agreden o que agreden a los demás es como un clavo en el cuerpo de Cristo. Son las principales herramientas del ego para mantenernos atrapados en la cárcel de una conciencia limitada.

Desde la pobreza global hasta las guerras entre imperios, pasando por las bombas nucleares, el estado colectivo de la humanidad actual es una sobreabundancia de desamor. Nuestros patrones conductuales reflejan un estado de conciencia mortífero, a partir del cual se ha manifestado un mundo peligroso. Jesús es la puerta que conduce a un mundo situado más allá. Se trata del mismo mundo que ahora habitamos, pero transformado por el amor. Un mundo que se ha salvado milagrosamente a través de un cambio de sentido existencial, que afecta tanto a nuestro propósito como a nosotros mismos.

La cuestión es cómo abrir esa puerta, qué hacer para poder escapar y buscar refugio de la locura que nos asola. No se puede hacer de golpe, sino a través de la predisposición y la voluntad, con cada fibra de nuestro ser, considerando cada momento una oportunidad para amar. En cada uno de esos instantes sagrados, se expande el canal por el cual el niño sagrado nacerá al mundo. Los ángeles cantan al Jesús que nace en el pesebre, así como al que renace en tu corazón. Los pensamientos de amor fluyen por el mundo entero. El niño es pequeño, inocente y vulnerable. Podría parecer algo insignificante, apenas una cosa pequeña: un instante más tierno y auténtico. Sin embargo, ese niño no es tu debilidad: es tu poder. De hecho, supera cualquier poder de este mundo.

El silbo apacible de Dios

Imagina el universo como la más perfecta creación de un arquitecto divino. Esa creación es un holograma y cada pieza alberga los planos arquitectónicos, que son perfectos a su vez. Los planos están a disposición de cada uno de nosotros, si nos molestamos en descargarlos. Sin embargo, la mayoría ni siquiera conocemos su existencia.

La conciencia es una especie de ordenador que contiene esos planos en un archivo imborrable. Vamos por la vida pensando que nuestra tarea consiste en rellenar un documento en blanco con nuestros propios planos arquitectónicos. Pensamos que tenemos que crearnos una vida, cuando Dios ya nos ha trazado un camino hacia una existencia cada vez mejor. Su mente alberga la imagen de nuestra vida perfecta.

El plan de Dios para la salvación del mundo involucra el conocimiento divino de todos los seres pasados, presentes y futuros. Cada uno de nosotros tenemos asignado un papel igualmente importante para sacarlo adelante, pero el propio plan escapa todavía a la comprensión de nuestras mentes mortales. Descubrimos cuál es nuestro papel en ese plan cuando le dedicamos la vida a Dios y rezamos para ser las personas que Él querría que fuéramos y ser capaces de hacer lo que Él querría que hiciéramos.

Nos va mucho mejor en la vida cuando, en vez de revelarle nuestros planes a Dios, le pedimos que nos revele los planes que Él tiene para nosotros. Eso no implica renegar de nuestra responsabilidad personal, sino aceptar el poder espiritual.

Cuando dejamos de empeñarnos en marcarle el rumbo a la vida, la vida nos revela su sentido. Hacer la propia voluntad no es amor a uno mismo, sino más bien un modo de compensar el miedo a un vacío carente de amor y de proyecto. En realidad, todo lo bueno emerge de ese vacío, la vaciedad sagrada que solo Dios puede llenar. El plan de Dios para nuestra salvación funcionará; el nuestro, tan a menudo enraizado en el miedo, no.

Su plan para la sanación del mundo supera nuestra comprensión y, como individuos, no podemos saber qué camino deberíamos escoger para llevarlo a cabo. El Espíritu Santo es como una central de inteligencia cósmica y sabe exactamente qué proyecto será más útil, dónde y en relación con quién. Aprendiendo a escuchar la voz de Dios, abriendo la mente y el corazón a la guía y la iluminación que superan el poder de la lógica, nos convertimos en místicos. La vía mística es el camino de la sostenibilidad en el siglo XXI. Es la colaboración entre el cerebro y el corazón, la razón y la intuición, que constituye la esencia de la mente iluminada. Jesús ofrece un camino para alcanzarla.

Rendirse ante Dios significa rendirse al amor, no de forma general, sino, en la medida de lo posible, en cada instante. La creación de Dios no solo es perfecta: también responde, de pleno y de inmediato, a cualquier desarreglo o alteración. Igual que un GPS, Él corrige nuestra ruta cuando nos desviamos del amor. El universo no solo está preparado para que a cada instante de armonía le suceda otro, sino también para aplicar su reparación divina a cualquier desarmonía. Igual que se autoorganiza, el universo se autocorrige. El amor perfecto sabe reparar cualquier desviación de la perfección.

El mundo actual se ha desviado de la perfección, como un cuerpo enfermo. Nuestro propósito en la Tierra es contribuir a su mejora y cada encuentro, cada intento, grande o pequeño, puede ser parte de la sanación.

Estamos llamados a ser sanadores, y recibimos la llamada de Dios constantemente. Nos conmina a ser y actuar mejor, a dejar de pensar únicamente en nosotros, a dar el paso de contribuir, perdonar y amar. El Espíritu Santo se asegura de que cualquier situación nos brinde la máxima oportunidad de sanar el mundo.

Ahora bien, depende de nosotros aceptar o no la tarea. El problema es que a menudo la rehusamos sin darnos cuenta. Ninguna de las veces que he cerrado mi corazón me había despertado por la mañana con la intención de portarme como una idiota.

El reino del ego es el camino inferior de la negatividad y la ira, la limitación y el temor. Nos conduce dando vueltas y revueltas por malas relaciones, así como por esperanzas y sueños fallidos. Pero hay un camino superior, ya construido por el Espíritu Santo, que es la vía a una mayor paz y creatividad. No tenemos que crear ese camino superior, tan solo seguirlo.

De un modo u otro, tomaremos una ruta en la vida. O bien nos dejaremos guiar por la voz del ego cacofónica, rabiosa e inspirada en el miedo, o bien por la apacible y delicada voz interior.

El ego se parece a una célula maligna que ha perdido el contacto con su inteligencia natural y con su función colaborativa. El Espíritu Santo es nuestro sistema inmune, la medicina, el remedio. Está ahí para dirigirnos, para sanarnos, pero, si no aplicamos nuestra cooperación consciente, nos dejaremos seducir por la locura del ego.

Tanto en el judaísmo como en el cristianismo encontramos referencias al «silbo apacible de Dios». Hay en nuestro interior una voz queda que puede orientarnos y nos orienta cada momento del día. La necesidad de acallar la mente si queremos oírla es un tópico universal. Esa voz, una de cuyas expresiones es el Jesús místico, nos hablará, pero es responsabilidad nuestra escucharla.

Con frecuencia, la gente se queja: «No sé lo que me está diciendo Dios». Y yo respondo, a partir de mi propia experiencia: «Oh, sí, claro que lo sabes. Lo que pasa es que no te gusta lo que oyes». Nos creemos más listos. Tenemos un pálpito o la sensación de que hemos recibido una respuesta a nuestros rezos, pero tal vez pensemos que carece de lógica. Al fin y al cabo, el Espíritu Santo sabe lo que va a pasar mañana, y nosotros no. Así que nos decimos: «Se lo volveré a preguntar mañana, cuando Él tenga más información».

Cuando convertimos el silencio interior en una elección fundamental de nuestro estilo de vida, empezamos a experimentar la presencia intuitiva del amor. Su voz siempre estuvo ahí, pero no supimos tomarla en serio. A menudo, en el pasado, tuve la sensación clarísima de haber recibido una respuesta a mi petición de orientación; sin embargo, como esa voz contradecía las «opiniones de los expertos», le hacía caso omiso, para comprender solo más tarde el error que había cometido. Otras veces sencillamente no me tomaba la molestia de preguntar, de rezar, de meditar a fondo una pregunta o problema, y después me daba cuenta de que no había actuado con sabiduría. A pesar de todo, la voz siempre estaba ahí.

La Voz de Dios es lo que nos guía hacia el amor, el perdón, la vida recta y la fe. Es la parte de nuestra mente que ve la imagen completa desde una perspectiva que nosotros no tenemos, que sabe lo que pasará mañana y cómo el papel que desempeñemos encajará mejor en un proyecto más grande.

«Él te habla desde un lugar que se encuentra más cerca de ti que tu propio corazón. Su voz está más cerca de ti que tu propia mano»* (L.E., Lec. 125).

Como dice el *Curso*, vivimos inmersos en una constante corriente de pensamientos en el fondo de la mente. Esos pensamientos pertenecen a una de estas dos categorías: o bien son un ruido cacofónico fruto de percepciones basadas en el temor, o una pacífica sinfonía de positividad y amor. La oración y la meditación disuelven el primero e incrementan la segunda.

Los pensamientos aleatorios negativos surgen totalmente articulados de la cueva de la mente egoica. Son las inevitables consecuencias de una visión del mundo inspirada en el miedo. Nacen del temor y lo perpetúan. Los esfuerzos por suprimirlos solo sirven para tornarlos más peligrosos. Decirte «deja de pensar eso» es una batalla perdida, porque solo sirve para torturarte.

La Voz de Dios es lo opuesto a la voz del ego. Es la voz que te recuerda que todos fuimos creados buenos, y que por tanto tú también lo eres. Nos recuerda que los errores no erradican nuestra bondad, que podemos enmendarlos y que podemos cambiar. Nos recuerda que lo mismo vale para el resto del mundo. Las personas cometen errores, sí, pero podemos ampliar nuestra percepción para ver más allá de ellos y vislumbrar la verdad de su ser. Es la voz que nos dice que siempre podemos ser más amables, criticar menos, ser más bondadosos, menos arrogantes, menos negativos, más responsables, actuar desde la ética y no apresurarnos a culpar a los demás de nuestros errores. Nos repite que dichas cualidades, por ser expresiones de amor, funcionan como imanes para los milagros.

Escuchar la voz de Dios es un hábito que debemos cultivar, la musculatura mental de la gracia. ¿Quién de nosotros no ha tomado una decisión que ha lamentado más tarde y entonces ha recordado que en su momento tuvo el presentimiento de que se estaba equivocando? Pero optamos por hacer caso a alguna otra voz terrena que decía algo distinto y permitimos que se antepusiera a nuestro conocimiento interno. Si aprendemos a tomarnos en serio las indicaciones del Espíritu Santo, del Jesús místico, de la Voz de Dios, descubriremos que siempre hay que escuchar las voces del mundo, pero que nunca deberían tener la última palabra.

Oración

El nivel más elevado de oración no se parece en nada a una súplica. Se trata de una comunión tranquila con algo que sobrepasa nuestro entendimiento. La comunión con Dios es la experiencia suprema de uno mismo. Dios nos habla y, a través de la oración, nosotros hablamos con Él.

La oración es un camino para invocar y activar el poder de Dios en nuestras vidas. A través del rezo absorbemos el poder de intercesión del amor que nos transforma para cambiar nuestras vidas.

En ocasiones, cuando alguien me cuenta un problema, yo le pregunto si ha rezado.

A menudo me responden:

—Bueno, ya sé que está en manos de Dios.

—Pero yo no te he preguntado eso —les digo—. Te he preguntado si has rezado.

Son dos cosas muy distintas. Saber que algo está en manos de Dios es muy distinto a depositarlo ahí. Saber que algo está en manos de Dios significa que, a la postre, el amor prevalecerá. En cambio, depositar algo en las manos de Dios implica que te pones al servicio de su objetivo desde tu propia voluntad. Como poco, eso acelerará las cosas.

Poner algo en manos de Dios implica que estamos dispuestos a pensarlo de manera distinta. Sea lo que sea lo que haya pasado, será nuestra postura en relación con la experiencia —los pensamientos y la conducta con que respondemos a ella— el factor que determinará sus consecuencias.

El nivel más elevado de oración nos permite pensar las cosas de otra manera. El pensamiento pertenece al plano de la causa, y la relación directa entre causa y efecto es intocable. Jesús trabaja con nosotros en ese plano causal. No puede suprimir los efectos que tengan nuestros pensamientos pero, si se lo pedimos, nos ayudará a transformar esos pensamientos. Optar por el amor es optar por la paz, la sanación y los milagros. Pues allí donde hay amor, se manifiestan los milagros.

No podemos decir: «Querido Dios, voy a aferrarme a mi negatividad, pero te ruego que cambies los efectos que todos esos pensamientos negativos han tenido en mi vida, ¿de acuerdo?».

Eso no va a pasar.

No obstante, sí podemos rezarle a Dios para que nos libre de la negatividad. Poner una relación en las manos de Dios, por ejemplo, implica pedirle ayuda para poder ver la bondad de la otra persona y mostrarle la nuestra. Una sola persona —«el que está más cuerdo de los dos en ese momento»* (T., cap. 18, V)— puede cambiar el itinerario de una relación conflictiva. La oración nos ayuda a dejar de centrar los pensamientos en la culpa para orientarlos en la inocencia.

La oración podría ser la siguiente:

Querido Dios:
Estoy dispuesto/a a no mostrarme insensible,
estoy dispuesto/a a no reaccionar con hostilidad,
estoy dispuesto/a a no juzgar.
Por favor, entra en las regiones más profundas de mi mente,
muéstrame mis errores y transforma mis pensamientos.
Libérame del autosabotaje.

Cámbiame en lo más profundo del corazón
y que se manifieste un milagro en mi vida.
Amén.

Jesús no puede hacer el trabajo por nosotros, pero trabajará a nuestro lado. No puede borrar las consecuencias de nuestro pensamiento y no lo hará, pero siempre está ahí para ayudarnos a pensar de manera más sabia.

La oración es uno de los recursos más potentes con los que contamos, pero tendemos a relegarla en favor de otros menos poderosos. Me hace gracia que la gente diga: «Ahora lo único que podemos hacer es rezar», como si las herramientas realmente poderosas ya hubieran sido descartadas.

Se dice que no hay ateos en las trincheras. Sin embargo, no hace falta esperar a una crisis para crear una vida mejor. Tenemos que acostumbrarnos a no reservar la oración para cuando las cosas van mal: debemos rezar para que vayan bien. La oración es una especie de medicina preventiva para el alma. Somos responsables de la dirección que toman nuestros pensamientos y, cuando centramos la mente para que acoja la luz, a la oscuridad le cuesta mucho más entrar. La energía mental que ponemos de manera consciente al servicio del amor no está disponible para los propósitos del ego.

La oración del padrenuestro es un ejemplo de invocación poderosa para una existencia centrada en los milagros.

Padre nuestro: *nuestra verdadera fuente.*

Que estás en el cielo: *en la conciencia de nuestra unidad.*

Santificado sea tu nombre: *que se disipen los estímulos terrenales carentes de propósito para que percibamos lo sagrado.*

Venga a nosotros tu reino: *que prevalezcan las energías del amor.*

Hágase tu voluntad: *que se manifieste el pensamiento del amor y no del ego.*

En la tierra como en el cielo: *no solo de manera abstracta en el plano del pensamiento, sino también en mi experiencia práctica.*

Danos hoy nuestro pan de cada día: *que nuestras mentes permanezcan abiertas para recibir la abundancia de la vida.*

Perdona nuestras ofensas: *reencauza nuestro pensamiento y devuélvenos a nuestro estado de inocencia.*

Como también nosotros perdonamos a los que nos ofenden: *ayúdanos a ver la inocencia en los demás, así como en nosotros mismos.*

No nos dejes caer en la tentación: *protege nuestras mentes, para que no caigamos en pensamientos temerosos y egoicos.*

Y líbranos del mal: *aleja de nosotros los pensamientos de desamor.*

Pues tuyo es el reino, tuyo el poder y la gloria: *el amor es el reino, el amor es el poder y el amor es la gloria.*

Por todos los siglos: *cada instante del día.*

Amén: *Que así sea.*

«Tienes que negar el mundo que ves, pues verlo te impide tener otro tipo de visión. No puedes ver ambos mundos, pues cada uno de ellos representa una manera de ver diferente y depende de lo que tienes en gran estima»* (T., cap. 13, VII). Si miramos el mundo con los ojos del amor, no vemos el miedo. Pero si miramos el mundo con los ojos del miedo, no vemos el amor.

Cuando tomamos la decisión de identificarnos con el reino de Dios, nos empoderamos. Estamos eligiendo el universo que vamos a habitar. Si elegimos el amor, el miedo no puede escogernos.

La oración tiene un poder inmenso. Sin embargo, el ego no solo se resiste a rezar: también se resiste a reconocer la mano de Dios cuando la oración funciona. Es chocante la cantidad de veces que la gente se desespera por una situación y, cuando esa situación experimenta un espectacular cambio a mejor después de que hayan rezado por ella, reacciona casi con indiferencia.

A Dios no le importa; Él carece de un ego que se ofenda por nuestro desagradecimiento. Pero decir «gracias, Dios mío» implica usar la mente de manera mucho más poderosa que comentar: «Sí, bueno, al final las cosas han salido mejor de lo que esperaba». Es un modo de recordarle a tu mente el poder que alberga.

Tu santidad

Nuestra vulnerabilidad y nuestra benevolencia son fortalezas espirituales, aunque el ego las considere muestras de debilidad. Los tres Reyes Magos se postraron ante Jesús: el Niño no se postró ante ellos. En el mundo no hay poder más grande que el poder del amor.

Jesús, en su dimensión mística, nos recuerda esa verdad. Su nombre le indica al subconsciente que eres más de lo que el mundo te ha dicho que eras. Afirmar que fuiste creado a imagen y semejanza de Dios significa que eres una idea de su mente, y las ideas no abandonan su fuente. El vínculo es inseparable. Todos y cada uno de los problemas que afrontamos en la vida proceden de ese único hecho: hemos olvidado lo que somos. Al olvidar lo que somos, olvidamos de dónde venimos. Al olvidar lo que somos, olvidamos que todos somos uno. Al olvidar lo que somos, olvidamos por qué estamos aquí.

Jesús nos ayuda a recordar. Al recordar lo que somos, recordamos que nuestra verdadera identidad es el amor y no el miedo. El amor no es nuestra debilidad, es la fuerza de Dios en nosotros. Una conciencia más compasiva, más regenerativa, más centrada en el cuidado es, de hecho, el único camino a un futuro de supervivencia para la especie humana.

El Cristo es una faceta de tu psique, la fusión entre el corazón y la mente. Es sagrado porque está completo. No hay poder capaz de vencerlo. No hay nada de lo que tu santidad no sea capaz.

Este párrafo de *Un Curso de Milagros* describe el poder de tu santidad:

Tu santidad invierte todas las leyes del mundo. Está más allá de cualquier restricción de tiempo, espacio, distancia, así como de cualquier clase de límite. El poder de tu santidad es ilimitado porque te establece como hijo de Dios, en unión con la Mente de su Creador. Mediante tu santidad, el Poder de Dios se pone de manifiesto. Mediante tu santidad, el Poder de Dios se vuelve accesible. Y no hay nada que el Poder de Dios no pueda hacer. Tu santidad, por lo tanto, puede eliminar todo dolor, acabar con todo pesar y resolver todo problema. Puede hacer eso en conexión contigo o con cualquier otra persona. Tiene el mismo poder para ayudar a cualquiera porque su poder para salvar a cualquiera es el mismo. Si tú eres santo, también lo es todo lo que Dios creó. Tú eres santo porque todas las cosas que Él creó son santas. Y todas las cosas que Él creó son santas porque tú eres santo.

El pensamiento de Dios es diametralmente opuesto al pensamiento del mundo. Uno de los aspectos que más nos confunden gira en torno a las ideas de arrogancia y humildad. No es arrogante decir que albergas el poder de Dios. En cambio, sería arrogante pensar que no es así. ¿No significaría eso que eres la creación de algo distinto de Él? Eres poderoso por el poder que albergas, pero no por ti mismo. Reivindicar ese poder y hacer lo posible por usarlo bien no es señal de arrogancia, sino de humildad.

El Jesús místico devuelve nuestras percepciones al orden que les corresponde. Cuando le entregamos los pensamientos, nuestras percepciones se iluminan y, por tanto, se elevan sobre los límites de nuestras pautas de pensamiento habituales. Si nos identificamos con nuestra debilidad, los avatares de la debilidad serán nuestra realidad. Si nos identificamos con Cristo, ascendemos a un nivel superior de entendimiento en el que (1) somos amor, (2) los milagros ocurren de manera natural como expresiones del amor y (3) comprendemos que no fuimos creados para estar bajo el efecto del desamor, ni en nosotros ni en los demás. Educar a la mente para que recuerde esas cosas, sea cual sea nuestra práctica espiritual, implica la aceptación del poder de Cristo.

Cuando tus pensamientos se elevan sobre los espejismos del mundo, automáticamente contribuyes a elevar los pensamientos de los demás, pues todas las mentes están unidas. Si pensamos desde el amor, los milagros no solo se manifiestan en nuestra vida, sino que somos capaces de obrar milagros en la vida de los demás. No estamos aquí para sanar únicamente nuestra propia existencia: cuando sanamos, contribuimos a sanar al mundo.

Tu verdadero yo no está a merced de las limitaciones que impone la mente egoica. Tú eliges con qué mundo te quieres identificar. Si solo te identificas con el mundo mortal, la esfera terrena tendrá poder sobre ti. Si te identificas con el mundo espiritual, tendrás el poder de transformar el ámbito terreno. Al identificarnos con nuestras necesidades aisladas, los deseos propios y el yo como entidad separada del mundo, nos sometemos a las limitadas leyes que reinan en los dominios del ego. Pero si nos identificamos con nuestra santidad, no estamos sometidos a ninguna ley que no sea la de Dios.

Por supuesto, nada de eso significa que si salto desde la azotea de un rascacielos no vaya a estrellarme contra el suelo. Significa que no tengo por qué llevar los grilletes de las falsas creencias. El universo de Dios es literalmente ilimitado. En la medida en que compenetre mi pensamiento con los pensamientos de Dios, yo también lo seré.

Venimos a este mundo como seres físicos, pero podemos

renacer en el espíritu. Podemos elegir a Dios como figura parental y recibir las ilimitadas riquezas espirituales que constituyen nuestra herencia natural.

La madurez espiritual es un aspecto de la madurez personal. No sucede de la noche a la mañana: sencillamente evolucionas a lo largo del tiempo hasta convertirte en una persona más compleja. La mentalidad de los milagros se convierte en la regla, en lugar de ser la excepción de nuestro paso por la vida. Como se puede leer en *Un Curso de Milagros*, «todo el mundo tiene derecho a los milagros, pero antes es necesaria la purificación»[*] (T., cap. 1, I). Para ver la luz, tenemos que disipar las tinieblas de la mente. Solo cuando hemos depurado la mente de críticas, ataques, autorreferencialidad e incapacidad de perdonar podemos experimentar el milagro de una vida que fluye.

Podemos contemplar todas las situaciones como oportunidades de liberarnos de la placa mental que hemos acumulado desde el día anterior. Podemos pensar ante cualquier circunstancia: «¿Qué hice la última vez que sucedió algo así? ¿Tenía abierto el corazón o lo tenía cerrado? ¿Cómo puedo hacerlo mejor? ¿Qué aspecto de mí quiero expresar? ¿Mi ser herido o mi ser sagrado?». Cada una de las situaciones constituye tanto una invitación a proyectar nuestra santidad como la tentación de mostrar nuestra herida.

Recordando al Jesús místico, recuerdo quién soy. Y al recordar que no soy mis heridas, estas empiezan a sanar.

Cenicienta

Todo en la vida es una proyección de lo que hemos decidido ver previamente. Eso significa que vemos lo que esperamos ver. Estar dispuesto a vislumbrar milagros no requiere nada más que dejar de poner el foco en los pensamientos que nos limitan para ponerlo en la posibilidad infinita.

Despertarse cada mañana y desplegar ante uno el amor es la manera más poderosa de planificar el día. Hacerlo sirve para indicarle al subconsciente que se centre en lo que es bueno y constructivo, y que desestime los elementos inspirados en el temor que siempre acechan en la periferia de la mente.

A fin de cuentas, las palabras *disciplina* y *discípulo* derivan de la misma raíz. La iluminación es un entrenamiento mental por el cual nos hacemos responsables, de manera consciente, de la naturaleza de nuestros pensamientos. No tenemos que entregarnos a nuestras ideas temerosas; en vez de eso, podemos ofrecérselas al amor. Para ello, una práctica espiritual regular es fundamental. Si entras en una habitación y no enciendes la luz, es absurdo maldecir la oscuridad.

Al encender la luz —al entregarnos en cuerpo y alma al amor—, empezamos a reconocer los patrones de la bondad y a ver oportunidades que de otro modo permanecerían ocultas. Somos capaces de vislumbrar cuánto bien hay a nuestra disposición en todo momento. Todo lo que necesitamos está al alcance de nuestra mano o de camino, porque así funciona el universo de Dios. Vivir desde ese conocimiento constituye una poderosa reestructuración de nuestras presuposiciones, nuestras expectativas y nuestros filtros mentales.

A veces pasamos por alto un milagro por la sencilla razón de que se nos antoja demasiado sencillo. Nos cuesta aceptar que el diseño del universo sea tan perfecto como para poner a nuestro alcance todo lo que fomenta nuestro crecimiento. Pero es así. Nos han enseñado a pensar de una manera muy limitada, de modo que los límites son lo único que vemos.

En el pasado rechacé dos oportunidades profesionales magníficas. Soy consciente de que las dejé pasar porque en su momento no reparé en su trascendencia. El hecho de que ambas llegaran de forma tan inesperada, como caídas del cielo, me llevó a subestimar su trascendencia. No podía imaginar que algo llegado de manera tan natural pudiera ser tan importante. Para el ego, el esfuerzo genera relevancia. Para el espíritu, los logros sin esfuerzo son la consecuencia natural de una vida recta. Tardé un tiempo en darme cuenta de que los pimpollos no deben esforzarse para convertirse en flor.

El mundo me había enseñado que no esperara milagros. En consecuencia, no fui capaz de reconocerlos ni siquiera cuando los tuve delante. Todavía no sabía que eso que solemos llamar «surgido de la nada» en realidad significa que ha nacido en el campo de la posibilidad cuántica.

Cuando mi hija era pequeña, vimos juntas la película *Cenicienta*. En la escena en que la malvada madrastra (el ego) y sus horribles hijas (el comité de pensamientos desagradables siempre dispuestos a recordarte lo poco que vales) dejan sola a Cenicienta (la inocencia) para asistir al baile, la protagonista se desploma entre lágrimas.

En ese momento aparece el hada madrina (el Espíritu Santo). ¿Y qué pasa entonces? En la versión de la historia que estábamos viendo, Cenicienta le dice al hada madrina: «¡Oh, hada madrina, pensaba que no llegarías nunca!». Y el hada responde: «¡Eso no es verdad, querida, o no estaría aquí!».

Vuelve a leerlo.

Así pues, si Cenicienta no hubiera contemplado la posibilidad de que el hada madrina existiera, esta habría acudido, pero Cenicienta no la habría visto. Debemos estar al menos abiertos a la idea de posibilidades infinitas, porque de lo contrario, por muchos milagros que nos salgan al paso, el ego se las arreglará para invalidarlos. Por eso, la fe significa creer en algo que aún no vemos.

Como Cenicienta no tenía un vestido que ponerse, una carroza en la que viajar ni caballos que tiraran de la carroza, no tenía manera humana de asistir al baile.

El hada madrina no habría aparecido si Cenicienta hubiera sido otro tipo de chica. Para poder contrarrestar la mezquina voluntad de la malvada madrastra —para que a la joven se le abriera un camino distinto por el que acceder al baile—, era necesario que Cenicienta tuviera una mentalidad receptiva a los milagros. Si se hubiera puesto a maldecir a su madrastra y a sus hermanastras («¡Odio a esas zorras!»), el hada madrina no podría haberla ayudado. Hay dos elementos que predicen su aparición: (1) la fe de Cenicienta en que el milagro es posible y (2) la inocencia de su corazón, que le permite sentir dolor y al mismo tiempo no proyectarlo en las personas que ella considera responsables de él.

Volviendo a la historia, es instructivo saber qué pasa a continuación.

El hada madrina, al igual que Merlín y otros magos, tiene una varita mágica. Moisés, por su parte, tenía una vara. Tanto la vara como la varita mágica simbolizan la devoción mental, recta y disciplinada, a la verdad espiritual. Simbolizan la convicción de la que surgen los milagros.

El hada madrina no llama a un Uber para llevar a Cenicienta al baile, ni va a una tienda de lujo en busca del vestido perfecto.

No cambia las circunstancias de Cenicienta: transforma las ya existentes. Con la varita, envuelve en luz una calabaza, que se transforma en carroza. Envuelve los ratones en luz y los transforma en caballos. Luego envuelve en luz los harapos de Cenicienta para convertirlos en un traje de noche. El hada madrina lo reinterpreta todo, y cada elemento se transforma. Cada vez que agita la varita hacia un objeto, lo «ve bajo una nueva luz».

El hada madrina regresa al reino invisible cuando ya no es necesaria. Pero el reino invisible está en tu mente y, cuando la necesites, el hada acudirá.

En realidad, Cenicienta eres tú, y cuando lo tengas claro, la malvada madrastra perderá el poder que tiene sobre ti. Que se quede esa estúpida casa en la que vive: de todos modos no es tu verdadero hogar. Tú te vas a mudar al castillo del príncipe, y sabes muy bien quién es.

El mundo tal como lo conocemos les enseña a nuestros hijos cosas que luego tardarán años en desaprender. Los cuentos de hadas ofrecen un aprendizaje distinto. Son un modo de ofrecer a los niños un conocimiento diferente, así como de ayudarles a recordar una imagen del mundo milagroso. La calabaza se convierte en carroza, el agua se convierte en vino y los panes y los peces se multiplican.

Todo es lo mismo.

EL SENTIDO DEL AHORA

El tiempo es un dispositivo de aprendizaje. Es una pantalla en la que vemos proyectados nuestros pensamientos. De hecho, se trata de un espejismo de la conciencia y solamente es real en el mundo tridimensional, pero no en la realidad última del espíritu. En palabras de Albert Einstein: «El tiempo y el espacio son ilusiones de la conciencia, por muy persistentes que sean».

Si bien dividimos el tiempo en tres categorías —pasado, presente y futuro—, solo una está sucediendo en realidad. El pasado y el futuro únicamente existen en el plano mental. El único lugar en el que el tiempo de Dios —es decir, la eternidad— se cruza con el tiempo lineal es el presente.

Nuestro poder radica en el instante presente. Es nuestro vínculo con la realidad eterna, en la cual los nuevos comienzos siempre son posibles. Ese es el milagro y el sentido del poder del ahora.

El *Curso* habla de un Instante Sagrado para referirse a esos momentos que no están contaminados por recuerdos no amorosos del ayer. Cada vez que dejamos de llevar el pasado a cuestas, volvemos a nacer. Si a Jesús se le representa con la imagen de un recién nacido es porque carece de pasado.

Un modelo tradicional de psicoterapia da vueltas y más vueltas a las experiencias pasadas. La psicoterapia espiritual no lo cree necesario, pues el pasado solo existe en nuestra mente, y en un sentido muy real ni siquiera ocurrió tal como lo recordamos. El cerebro escoge unos cuantos recuerdos entre una infinidad igual que el ojo escoge unos cuantos estímulos visuales entre el sinfín que recibe.

La tendencia del ego a obsesionarse tanto con el pasado como con el futuro es uno de sus trucos característicos para impedir que veamos con claridad. Lo más poderoso que podemos hacer con el pasado es depositarlo en manos de Dios. El papel del Espíritu Santo, el regalo del Jesús místico, es cambiar nuestra mentalidad al respecto. ¿Echar un vistazo al pasado forma parte de nuestra sanación? En ocasiones sí. Pero solo para poder enmendar nuestros errores y perdonar a los demás los suyos.

El ego se parece a unas anteojeras. Al obligarnos a mirar la culpa y concentrarnos en el pasado y el futuro, nos impide vislumbrar los milagros. Lo hacemos constantemente. Pasarse la vida con la mirada puesta en el ayer, obsesionados con los agravios de otro tiempo, no sirve para sanar. Uno no se libra de la oscuridad golpeándola con un bate de béisbol, sino encendiendo la luz. Uno no se transforma espiritualmente destruyendo sus demonios, sino sacando a la luz al ángel que lleva dentro. Las tinieblas desaparecen en presencia de la luz. No hablamos de un baipás espiritual, sino de alquimia del espíritu.

El Espíritu Santo habita en el reino de la eternidad, pero actúa en el tiempo. Él media entre tu ser espiritual y tu ser material tendiendo un puente entre los dos. Te ve tal como eres en realidad y también te ve en el mundo físico. Su tarea es ayudarte a que ambos lleguéis a ser uno y el mismo, igual que Jesús.

Jesús es la mente en la que solo el amor es real. Lo único real de tu pasado es el amor que diste y el que recibiste: todo lo demás es una mera ilusión de la conciencia. No hay necesidad de traer al presente nada de esos tiempos, excepto el amor. Todo lo demás es lo que llaman «mochila».

Al entregarle tu pasado a Jesús, le estás pidiendo que modifique tu mentalidad. Le ruegas que disuelva cualquier recuerdo que torne real el desamor en tu percepción actual, liberándote así de sus efectos. Al perdonarte a ti mismo y a los demás de antiguos pecados —es decir, errores—, eres libre para volver a empezar. El universo siempre está dispuesto a ofrecerte un nuevo comienzo cuando tú estás preparado.

Si mi mente se obsesiona con el pasado en el presente, bloqueo oportunidades futuras. Están ahí, pero no las veo. Cuando arrastramos el pasado al presente, acarreamos formas sombrías que nos velan la visión y dificultan la aparición de relaciones y circunstancias que podrían crear un nuevo comienzo.

Al traer el pasado al presente, estoy programando un futuro que reproduce lo que ya pasó. Entonces el ego corre a recordarme: «¿Lo ves? Te lo dije. Nada cambia nunca».

El Instante Sagrado interrumpe el tiempo lineal y nos ofrece en cualquier momento la milagrosa oportunidad de una página en blanco. Se trata de una especie de reinicio cósmico por el cual cualquier efecto de lo que ya pasó, salvo el amor, queda anulado, pues solo el amor existe. En ese momento, al separarnos del ayer y dejar el mañana en manos de Dios, sanamos tanto el uno como el otro. Ese instante nos permite liberarnos de todos los pensamientos, excepto del amor. Así se enmienda el universo, pero solo si estamos en sintonía con esa intención. El presente no nos puede liberar si nos empeñamos en vivir en el pasado.

Cuando éramos pequeñas, mi hermana y yo teníamos unos collares a los que íbamos añadiendo perlas. Cada año, con ocasión de las fiestas, nos regalaban una pequeña perla que insertábamos en una cadena para algún día tener un collar completo. No recuerdo si alguna de las dos llegó a terminarlo, pero siempre pienso en el Instante Sagrado —el momento en que toda obsesión con el pasado y el futuro, con la culpa y la vergüenza, desaparecen por completo— como una perla que añadimos a nuestra colección de momentos perfectos. Y reuniendo esos instantes milagrosos podríamos convertirlos en un minuto, que se podría transformar en una hora y luego en un día, hasta transmutar nuestra vida entera. «Felices para siempre» significa un estado mental en el que vivimos plenamente en el instante presente, sin la sombra de recuerdos dolorosos del pasado y sin obsesionarnos con el futuro.

Uno de mis desafíos personales es la dificultad que tengo en ocasiones para dejar atrás experiencias. Me obsesiono con algo que sucedió en lugar de permitir que se obre un milagro en el presente. «¡Pero me dijiste...!», «Pero ¿entonces por qué hiciste tal cosa?...». No podemos sanar el pasado si nos instalamos allí. Lo único real de otro tiempo es el amor que dimos y el amor que recibimos: el presente está programado para corregir cualquier situación de desamor vivida, siempre y cuando estemos dispuestos a soltarla.

En el Instante Sagrado estamos radicalmente abiertos a lo único que es real. Desterramos lo que no es real y permitimos que el universo vuelva a empezar. Pero no podemos abrirnos «al universo» a menos que estemos dispuestos a abrirnos a los demás. No es posible perdonar a alguien y al mismo tiempo atarlo a su pasado. Tanto si nos recordamos a nosotros mismos lo que hicimos mal en otro tiempo como si les recordamos a otras personas sus fallos, llega un momento en que el mero hecho de volver a ello solo es una forma de reabrir la herida.

Como es natural, a veces necesitamos procesar cosas que ocurrieron en el pasado. Ahora bien, hay una diferencia entre procesar algo y vomitarlo. Hay una diferencia entre atender nuestro dolor y regodearnos en él. Puede que el espíritu necesite procesar algo, pero el ego quiere seguir aferrado a ello. Tenemos que aprender cuándo ha llegado la hora de pasar página.

No debemos ignorar nuestro sufrimiento, por supuesto. Siempre deberíamos respetar la etapa del dolor. Pero, en ocasiones, el ego nos anima a quedarnos en ese tramo más tiempo del necesario, algo que es tan disfuncional como hacer caso omiso del sufrimiento. Entonces el ego convierte el dolor del pasado en nuestra tarjeta de visita, un truco muy astuto para atraparnos en el sufrimiento. Aprende lo que tengas que aprender, evoluciona a partir de ese dolor, perdona y emplea la experiencia para ayudar a otros. Ahora bien, si me identifico demasiado con las heridas de mi pasado, no podré trascenderlo. Y si no he trascendido algo, no puedo ayudar a los demás a trascenderlo a su vez. La pregunta principal en relación con el dolor que arrastramos de otro tiempo es la siguiente: ¿en qué medida las lecciones que aprendí de esa experiencia han hecho de mí una persona más sabia y mejor en el presente?

El Instante Sagrado nos ofrece la oportunidad tanto de cerrar las heridas del pasado como de reprogramar el futuro. Jesús es la perfecta armonía entre pasado y futuro, porque su mente es la perfecta armonía de todo. Dejamos el pasado en sus manos para que nos ayude a reinterpretarlo. Un pasado que está olvidado ya no puede afectarte y un futuro depositado en las manos de Dios se encuentra en sintonía con la inteligencia divina.

El Espíritu Santo nos transporta más allá de los límites del tiempo lineal para que seamos capaces de comprender la intemporalidad. Nos mantiene centrados en el presente porque el momento actual es, a la postre, el único tiempo que existe.

En el Espíritu Santo, pasado y futuro se disuelven en la deslumbrante luz de lo que es, aquí y ahora. El pasado queda depurado de recuerdos dolorosos que ya no nos sirven y el futuro se programa en un sentido maravilloso.

La mejor forma de planificar el futuro es no obsesionarse con él y vivir plenamente en el presente. Los milagros se obran de manera natural cuando permitimos que sucedan. El ego intenta que no experimentemos la plenitud del ahora porque es en este espacio donde ocurren los milagros. El ego quiere tenernos constantemente preocupados por el pasado o por el futuro para que nuestras vidas, en lugar de avanzar, permanezcan atascadas en un interminable bucle de ansiedad y sufrimiento crónicos.

Solo un maestro iluminado logra convertir cada uno de sus momentos en un Instante Sagrado, pero todos, con la práctica, podemos desarrollar el músculo para alargarlo. Solo el amor es real, solo el presente es real y no existe nada más. Resulta sorprendente la cantidad de frases que borramos antes de pulsar la tecla de «enviar» una vez que comprendemos cuántas cosas no hace falta repetir.

El milagro acorta el tiempo al producir su colapso[*] (T., cap. 1, II). Eso significa que podemos tomar decisiones desde el amor en cualquier momento, algo que nos permitirá ahorrar tiempo y saltar hacia un resultado positivo en todas las situaciones. «Solo la paciencia infinita produce resultados inmediatos»[*] (T-Cap. 5, VI). También podemos llenar el presente de ataques y defensas constantes, durante el tiempo que sea necesario, y experimentar el dolor de haber elegido mal tantas veces como queramos hasta que estemos dispuestos a volver a elegir. Podemos optar por el miedo y alargar la situación, o elegir el amor y ascender de inmediato.

Querido Dios:
Te ruego que me salves
del tormento infinito que supone el apego
al pasado y al futuro.
Envíame tu espíritu para que libere mi mente
de la tentación de penetrar
en la nada del tiempo.
Instálame en el presente con firmeza
y hazme comprender que soy un ser bendecido.
Amén.

CAPÍTULO 3

Los templos de las relaciones

*Santo hermano mío, quiero formar parte de todas tus relaciones e interponerme entre tus fantasías y tú. Permite que mi relación contigo sea algo real para ti y déjame infundirle realidad a la percepción que tienes de tus hermanos. No fueron creados para que pudieras hacerte daño a través de ellos. Fueron creados para crear contigo. Esta es la verdad que quiero interponer entre tu objetivo de locura y tú. No te separes de mí ni permitas que el santo propósito de la expiación se te pierda entre sueños de venganza. Las relaciones en las que tales sueños se valoran me excluyen a mí. En el nombre de Dios, déjame entrar a formar parte de ellas y brindarte paz para que tú puedas ofrecerme paz a mí.** (T., 357).

Cuando llegaba en coche a un centro espiritual de moda, vi un gran cartel junto a la entrada. Rezaba: «Ámate a ti mismo».

La frase está a la orden del día, pero yo pensé en Jesús. Él no nos dijo: «Ámate a ti mismo». Nos pidió: «Amaos los unos a los otros».

Esto no significa que amarse a uno mismo sea malo. Es la base y la consecuencia de nuestra capacidad de amar al prójimo. La autocrítica no me parece menos impía que juzgar a los demás.

Sin embargo, el actual enaltecimiento del yo —la cultura del «ámate a ti mismo»— ha contribuido a crear una atomizada sociedad de seres aislados que se relacionan cada vez peor, al tiempo que lloran la pérdida del amor. Repetirse «te quiero» ante el espejo a la larga no sirve de mucho. El problema es que, en el fondo, ni siquiera estamos buscando el amor.

Buscamos ventas, clics en redes, prestigio, poder. Buscamos cosas, buscamos rollos. Pero eso no es lo mismo que buscar el amor. Puede que incluso hayamos renunciado a la búsqueda.

Encontrar el amor ahí fuera es difícil, porque ahí fuera no está. Está aquí dentro. En el plano material, lo que damos, lo perdemos. En el plano espiritual, solo conservamos lo que damos. El único modo de encontrar amor es entregarlo.

Los psicólogos suelen preguntar a quienes acuden a consulta: «¿Por qué cree que siempre escoge al mismo tipo de pareja?». Pero quizá le serviría más que le preguntaran: «¿Por qué cree que siempre actúa de la misma manera en sus relaciones?». Dicho de otro modo, ¿por qué alejas el amor? Puede que siempre encuentres al mismo tipo de pareja porque tú repites el mismo comportamiento una y otra vez.

La psicoterapia contemporánea, en muchos casos, ha devenido el culto a la culpabilización del otro. A menudo fomenta la sensación de agravio y la victimización del ego, pues lo explica casi todo con términos como *trauma* o *narcisista*. Si bien esas palabras son relevantes y expresan ideas significativas de voces influyentes en la cultura actual, no deberían usarse como soluciones prefabricadas aplicables a cada problema. A estas alturas están tan trilladas que se usan como descripción, como excusa y como etiqueta para casi todas las situaciones. Y resulta curioso que el problema casi nunca seas tú.

Ten en cuenta que, mientras tu terapeuta te explica que la persona con la que has salido seguramente era narcisista, en la otra punta de la ciudad, un psicólogo podría estar diciéndole a esa persona que el problema de narcisismo lo tienes tú. Al ego le encanta hablar de los problemas de los demás al mismo tiempo que se las ingenia para soslayar los propios.

Pasé años entrando y saliendo de terapia, a menudo con psicólogos inteligentes y muy sabios. Pero creo que me habría ido mejor si me hubieran mimado menos y desafiado más. La terapia no debería ser un espacio donde se apoyan nuestras creencias de que somos débiles, se nos victimiza aún más o se nos dice que hemos sufrido un daño irreparable. Debería ser un espacio en el que derribar las barreras que bloquean nuestro corazón, en el que pudiéramos dejar entrar el amor que nos rodea para sentirnos en paz.

«Tu tarea no es ir en busca del amor, sino simplemente buscar y encontrar todas las barreras dentro de ti que has erigido contra él»* (T., cap. 16, IV). La mayoría, si somos sinceros, podríamos hacer una lista de todas esas cosas que les sacan de quicio a los demás. Y si no sabemos qué cosas son, seguro que nuestros mejores amigos nos las podrían señalar.

Nuestros patrones conductuales nos privan de amor más que ninguna otra cosa. Buscamos la manera de retener el amor, cuando, en realidad, lo primero que necesitamos es identificar qué hacemos para alejarlo. Nuestras almas nadan en todo momento en un océano de amor, pues así es el universo de Dios. Pero el ego es un adversario muy hábil: a fin de cuentas, hablamos de nuestra propia mente trabajando contra nosotros.

Los grandes errores que he cometido en el terreno del amor me parecieron buenas ideas en su momento.

Envíales amor a tus amigos, a tu familia, a tus clientes, a tus pacientes, a tu jefe, a tus compañeros de trabajo, a tus empleados, a las personas que conoces, a las personas que no conoces, al presidente y, sí, también al expresidente. Envíales amor a Nancy Pelosi y a Marjorie Taylor Greene. Jesús lo haría. Martin Luther King señaló: «Dios quería que amara a mis enemigos; no me dijo que tuvieran que caerme bien».

El mundo en el que vivimos está inundado de veneno mental. Es más que tóxico: está repleto de odio. Y todos lo sabemos. No podemos permitirnos no hacer lo posible por rebajar esta locura.

Y el proceso empieza en cada uno de nosotros. Con cada pensamiento que albergamos, bien contribuimos a la solución, bien contribuimos al problema. O tenemos el corazón abierto, o lo tenemos cerrado. No hay manera de disentir, de poner límites o incluso de oponerse a una conducta intolerable sin confiscar el amor. Ese es el mensaje de Jesús. Es tan radical hoy como lo era hace dos mil años.

Mientras escribía este libro, profunda y sinceramente centrada en lo que implica amar de todo corazón, mi asistente cometió un error administrativo y yo le solté un comentario sarcástico. A veces, la gente tiene la desvergüenza de no hacer exactamente lo que queremos. Increíble pero cierto.

Por eso, las relaciones constituyen la mejor oportunidad de enseñanza y aprendizaje. No son los demás los que deben cambiar, sino nosotros. El trabajo siempre es nuestro. El ego está convencido de que las relaciones fluirán tan pronto como la otra persona cambie de comportamiento. Sin embargo, el verdadero problema es nuestra incapacidad de aceptarlos tal como son y tal como se comportan ahora.

¡Pobre de mí! ¿Mi asistente no se daba cuenta de que intentaba escribir un libro y necesitaba ayuda, maldita sea?

Hubo una época en la que habría interpretado la situación de ese modo: estaba claro que no atraía la ayuda que necesitaba. Pero no estaba ante un suceso aleatorio que contradecía paradójicamente el libro que estaba escribiendo. El suceso era el reflejo exacto de mi obra. El hecho de estar escribiendo un libro sobre estos temas ponía en evidencia los aspectos que aún no había incorporado a mi vida. Así de bien funciona el ordenador cósmico.

Si mi única reacción ante una asistente que no hace lo que necesito fuera enfadarme, estaría poniendo límites a mi capacidad para encontrar las palabras o la conducta que pudieran ayudarla a mejorar. También me impediría ampliar mis conocimientos sobre el conjunto de las relaciones. Esto no trata de ella. Esto trata de mí.

Ahora bien, ¿qué pasa con los límites sanos? ¿Cuándo está bien pedirle responsabilidades al otro? Le planteé la pregunta a Jesús mientras me preparaba una taza de café y cerraba de golpe la puerta de un armario. «Sí, siento mucho que estés pasando por esto», fue lo único que creí oírle decir.

Sé que no es nada malo poner límites sanos, disentir cuando hace falta y pedir responsabilidades a los demás. Pero todas esas cosas pueden y deben hacerse con respeto y amor. Cuando atacamos a otra persona, nos estamos equivocando aunque tengamos razón. Los problemas que hemos venido a abordar son los nuestros.

Mi ego argüiría que el problema fue la conducta de mi asistente; el Espíritu señala que el problema es mi ira. Este tipo de situaciones se repetirán mientras yo siga estrellándome contra la misma pared una y otra vez. Pero la pared no cederá: deberé hacerlo yo. Esa pared es una situación —y cada cual tiene la suya— en la que no sabemos cómo actuar desde el amor sin renunciar a ver satisfechas nuestras necesidades. Y, sin embargo, tendremos que aprender. Esas situaciones se van a producir hasta que hayamos encontrado la manera de abordarlas.

Así pues, ¿qué hacer en esas circunstancias? Reza pidiendo un milagro. Reza para que cambie tu percepción. Di que estás dispuesto a ver la situación desde otra perspectiva.

Siéntate, respira, reza, y tu percepción empezará a transformarse. Cuando tu mente se apacigüe, sucederá una de estas dos cosas:

1. La indicación será no decir nada, asimilar el momento y dejarlo pasar.
2. La indicación será que hay que decir algo, pero se te otorgará la sabiduría necesaria para decirlo en el momento oportuno y de la manera adecuada. No solo se te revelará lo que deberías decir, sino también desde qué lugar decirlo. El Espíritu Santo no aborda esas situaciones por ti, pero te convertirá en una persona que sabe gestionarlas.

Lo más importante es que veas que el problema está en ti y, en consecuencia, también la solución. Si piensas que el único remedio es encontrar a otra persona que cumpla la función asignada, atraerás a alguien que se comporte del mismo modo. Y será así hasta que abras los ojos al verdadero conflicto: tú.

En el universo hay intención. Siempre nos induce a ser mejores, y si eso significa poner en nuestra vida personas que nos obliguen a afrontar nuestras propias barreras, lo hará.

«Este es mi mandamiento: que os améis los unos a los otros como yo os he amado» (Juan 15,12, BA).

La idea es sencilla, pero llevarla a la práctica es complicado. Por eso la figura del Jesús místico es tan importante y relevante. Sea a través de la religión o de la psicoterapia, el mundo necesita con desesperación que le enseñen a amar.

Los dos caminos buscan la curación de la mente. La religión tiene sus límites cuando carece de sensibilidad psicológica, y la psicoterapia tiene sus límites cuando no adopta una visión espiritual. En la actualidad hay voces de uno y otro ámbito que han transformado ambas vías en genuinas búsquedas espirituales. A través de la psicoterapia o de la religión, el mayor regalo que podemos recibir es el recordatorio de que debemos ofrecer más amor.

Al ego le encanta emplear la religión y la psicoterapia para sus propósitos, y eso incluye la religión cristiana tanto como cualquier otra. Pero una conversación legítima sobre Jesús debe ser una conversación sobre el amor. Reclamar un amor radical es el único modo de reclamar una relación radical con Jesús, y el amor radical de Jesús es la verdadera naturaleza del ser.

Relación con Dios

Toda circunstancia implica una relación: con Dios, con nosotros mismos, con los demás o con el mundo.

Algunos dirán que no tenemos relación con Dios, porque Dios no existe. Solo existen los átomos y las partículas que constituyen una sustancia asombrosa, pero carente de sentido. Eso implica que flotamos en un universo arbitrario en el que la vida tiene el significado que queramos darle. Se trata de una explicación la existencia respetable, pero desoladora: implica que estamos solos. No presupone la existencia de una «compañía cósmica», como denominaba Martin Luther King a la presencia del Espíritu Santo en nuestra vida. Si crees que estás solo, lo estarás en tu experiencia. No nos ofrece consuelo privarnos de nuestro legado de poder o de amor.

También hay quien cree en Dios pero lo considera un severo anciano de barba blanca que está en el cielo esperando que metamos la pata y no hagamos lo que Él nos pide para enviarnos a las profundidades del infierno. Ese Dios está creado a imagen y semejanza del hombre y no a la inversa. La noción de un Dios airado es una proyección que procede de las personas que viven con ira. Al sentirse culpables, creen merecer un castigo. En consecuencia, han construido la imagen de un Dios capaz de infligir los castigos que sienten que merecen. Dudo mucho que alguna de esas personas haya leído hasta aquí.

Y luego están aquellos que creen en un Dios amoroso, pero no entienden que esa divinidad permita el hambre infantil, la pobreza global y las guerras sin fin. Es interesante, porque precisamente esa es la cuestión que Dios nos plantea. El hambre infantil, la pobreza global y las guerras sin fin son la consecuencia de un abuso de poder por parte de las personas, y no de Dios.

Dotados de libre albedrío, podemos hacer y pensar cualquier cosa. Ni siquiera el mismísimo Dios nos puede librar de las consecuencias. La ley de causa y efecto se creó para protegernos y Él no transgrede su propia ley.

Lo que hace, y ha hecho, es crear la ayuda que necesitamos para escoger de manera más sabia. Pedirle la salvación del mundo equivale a pedirle que nos convierta en personas capaces de hacerlo por nosotras mismas.

Nuestra relación con Dios puede ser la más íntima de todas, si se lo permitimos. Su voz siempre está ahí para susurrarnos al oído. Está más cerca de nosotros que nuestro propio aliento. La comunión con Él, la fusión con Dios, implica la reparación de nuestra personalidad y la restauración de nuestras almas. Para muchos, el Jesús místico forma parte de esa reparación.

En cuanto al hambre infantil, no se trata de esperar a que Dios obre un milagro. El mismo Dios espera a que nosotros hagamos algo al respecto. Ofrece una respuesta muy sencilla a nuestras oraciones para acabar con el hambre infantil. Su respuesta es: «Alimentad a esas niñas y esos niños».

Y es lo que deberíamos estar haciendo ahora mismo.

✶

Relación con el Yo

*Tu santidad es la salvación del mundo. Te permite enseñarle al mundo que es uno contigo, sin predicarle ni decirle nada, sino simplemente mediante tu sereno reconocimiento de que en tu santidad todas las cosas son bendecidas junto contigo.** (L.E., Lec. 37).

Una de las relaciones más complicadas es la que mantenemos con nosotros mismos. Tendemos a hacernos a nosotros mismos lo que les hacemos a los demás: les negamos la aprobación, los juzgamos con severidad, los castigamos con crueldad. Y nunca tenemos demasiado claros los motivos. El ego no nos dice que hemos errado: se limita a decirnos que nosotros somos errores.

Cuando era joven, en la época en la que me odiaba a mí misma, solía preguntarme si quizá había hecho algo horrible y había reprimido el recuerdo para olvidarme de ello. No lograba entender por qué casi todo en mí misma me horrorizaba.

Cierta lección se repite varias veces a lo largo del *Curso*: «Soy tal como Dios me creó»* (T., cap. 31, VIII). Significa que todos somos creaciones perfectas e inalterables de la mente de Dios. Cuando la leí por primera vez, lloré. Noté que se abría una grieta en lo que se me antojaba un muro de piedra en torno a mi corazón. Nunca se me había ocurrido que yo pudiera ser inocente porque Dios me había creado así y que mis errores no han conseguido eliminar la perfección divina con la que todos hemos sido creados. Dios nos creó perfectos porque Él es perfecto, y todo se ha creado a su imagen y semejanza. Es un concepto muy poderoso e infinitamente misericordioso.

En distintas zonas del país hubo una ley por la cual, si un criminal que huía de la policía entraba en una iglesia, no podían arrestarlo. Con ese gesto, el Estado reconocía que, a los ojos de Dios, todos somos inocentes. A los ojos de Dios no podemos ser culpables porque nuestra inocencia es real y nuestros errores no lo son.

No obstante, si mi verdadero yo es eternamente inocente, ¿qué pasa con los errores que he cometido? ¿Cómo voy a tener una buena relación conmigo misma si hice algo que me horroriza? ¿Qué pasa con los recuerdos fantasmales que nos persiguen en mitad de la noche, con las equivocaciones del pasado que nos obsesionan, con los «si hubiera hecho tal cosa o tal otra» que nos atormentan? La frase «Ojalá no hubiera sido tan tonta» es una de las armas más potentes del arsenal del ego.

Una de las absurdas falacias espirituales que corren por ahí es que los errores no existen. Oh, sí, claro que existen, y algunas hemos cometido los suficientes como para saberlo. Decirte que un error no fue un error, si en realidad lo fue, no es la manera de librarte del sentimiento de culpa.

Hay una forma mucho más funcional y efectiva de abordar los errores que tratar de reprimir los pensamientos obsesivos que nos provocan. Para disolver el autodesprecio que sentimos en esas ocasiones debemos recurrir al poder de la expiación.

La expiación es el mayor regalo de Dios, pero depende de nosotros activar su poder en nuestra vida. Funciona de la manera siguiente: retrocedes al momento en que cometiste el error y lo asumes. Mirándolo a los ojos, verás la falta de amor hacia ti o hacia los demás que entrañó el instante. También descubrirás con mayor claridad lo que pasaba dentro de ti cuando cometiste el fallo.

He descubierto que, en tales momentos de mi pasado, estaba asustada. Pero también he comprendido que me porté de manera irresponsable. O aún no sabía pedir instrucciones al Espíritu Santo antes de tomar las decisiones, o no había practicado suficiente. Y, al actuar así, me traicioné a mí misma. Dios estaba allí, pero no recurrí a Él.

Aun en los momentos en los que estuvimos más errados, la imagen de la persona que podríamos haber sido —cómo nos habríamos comportado de no haber estado en las garras del ego— permanece en la mente de Dios. Jesús salvaguarda esa imagen hasta que estemos listos para expresarla. «He salvaguardado todas tus bondades y cada pensamiento amoroso que has tenido. Los he purificado de los errores que ocultaban su luz y los he conservado para ti en su perfecta luminiscencia»* (T., cap. 5, IV).

Puesto que vivimos en este mundo, expresar esa imagen puede ser complicado. El ego es el primero en tomar la palabra y lo hace alzando la voz. Por eso es tan importante cultivar nuestra capacidad de escuchar la voz apacible y delicada de Dios. He pasado años de mi vida lamentando decisiones que no habría tomado si sencillamente hubiera esperado al fin de semana para meditarlas a fondo.

El milagro de la expiación es que puedes retroceder a ese momento desde el presente. En cualquier situación en la que no hayamos apostado por el amor —proscribiendo y así desviando el milagro que podría haber ocurrido—, el milagro queda en reserva hasta que estemos listos para recibirlo. Regresa ahora a ese momento. Admite que tomaste una decisión equivocada, que no dejaste que el Espíritu Santo guiara tus pensamientos y pide que los guíe en el presente.

El arrepentimiento es milagroso. De maneras que no puedes ni imaginar, la vida se pondrá al día con tu cambio de conciencia. Tendrás la oportunidad de hacer lo correcto allí donde una vez fallaste. Vivirás una situación que te demostrará con claridad que la expiación se ha consumado.

La misericordia de Dios es infinita. Sí, somos responsables de nuestros actos, pero a través de la gracia de Dios podemos volver a empezar.

La siguiente sección de *Un Curso de Milagros* es una de las herramientas más poderosas con las que contamos para reprogramar nuestra manera de percibir el pasado.

> *[...] el primer paso en el proceso de enmienda es reconocer que decidiste equivocadamente a sabiendas, pero que con igual empeño puedes decidir de otra manera. Sé muy firme contigo mismo con respecto a esto y mantente plenamente consciente de que el proceso de enmienda, que no procede de ti, se encuentra no obstante en ti porque Dios lo puso ahí. Tu papel consiste en hacer que tu pensamiento retorne al punto en que se cometió el error y en entregárselo allí a la expiación en paz. Repite para tus adentros lo que sigue a continuación tan sinceramente como puedas, recordando que el Espíritu Santo responderá sin dudarlo a tu más leve invitación:*
>
> *Debo haber decidido equivocadamente porque no estoy en paz.*
>
> *Yo mismo tomé esa decisión, por lo tanto, puedo tomar otra.*
>
> *Quiero tomar otra decisión porque deseo estar en paz.*
>
> *No me siento culpable porque el Espíritu Santo, si se lo permito, anulará todas las consecuencias de mi decisión equivocada.*
>
> *Elijo permitírselo y dejar que el Espíritu Santo decida en favor de Dios por mí.** (T., cap. 5, VII).

Todos hemos pasado por eso. Y como hemos cometido errores, sufrimos. Pero los remordimientos son positivos: solo los sociópatas carecen de ellos. La conciencia es un aspecto del corazón.

El ego quiere alargar el asunto, apropiarse del procesamiento sano de nuestros remordimientos y convertirlo en un castigo permanente. Una vez más, el ego nos está enredando. Al entretenernos de ese modo consigue retrasar el día en que empecemos a actuar como nunca hemos hecho. Si de verdad quieres demostrarle a Dios que estás arrepentido, empieza a ser una persona distinta ahora.

Otra razón por la que a veces somos duros con nosotros mismos guarda relación con las proyecciones de los demás. Podrían proceder de un adulto que te dijo que no valías nada cuando eras niño, cuya voz has interiorizado. Podrían proceder de personas que ni siquiera te conocen, pero que han creado o se han creído una falsa narrativa sobre tu manera de ser. En cualquier caso, esas voces están ahora en tu cabeza y te convencen de tu falta de valía.

Uno de mis villancicos favoritos es «Noche de paz», que contiene esta preciosa frase: «Largo tiempo estuvo el mundo en pecado y error hasta que Dios derramó sobre nuestras almas su inmenso amor». No importa lo que piensen de ti los demás. Dios acredita tu inmensa valía. Sí, todos cometemos errores. Pero lo que somos, la inocencia con la que fuimos creados, constituye una esencia inviolable. Lo que Dios ha creado no se puede alterar. Somos ideas perfectas de la Mente de Dios.

Querido Dios:
Te entrego los errores de mi pasado.

Reconozco que en esos momentos
no dejé que prevaleciera el amor.
Que tu Espíritu entre en mi mente,
pues yo te entrego esos momentos.
Que mis errores me sirvan para convertirme ahora
en una persona mejor.
Amén.

La relación con los demás

Dios nos ama a todos por igual, porque nos creó para que fuéramos uno y el mismo. Nuestro propósito debería ser pensar como lo hace Dios con el fin de amar como Él. No podemos entablar una buena relación con Dios y con nosotros mismos si no tenemos una buena relación con los demás. La única manera de encontrar la paz o el amor es entregarnos los unos a los otros, puesto que todos somos uno. Es imposible que recuerde quién soy si no estoy dispuesto a recordar quién eres tú, y es imposible que recuerde quién eres tú si no estoy dispuesto a recordar quién soy yo.

Cuando le conté a mi amiga Andrea la experiencia que había vivido al contemplar el *Salvator Mundi*, me explicó que había vivido algo parecido años atrás, en la catedral de Notre Dame de París. Su vivencia fue similar a la mía porque ella también se sintió transportada a un lugar que trascendía la obra de arte. Sin embargo, mientras que yo vi un reino de ternura y poder, ella vislumbró la especie humana al completo y que todos somos Jesús, que todos somos uno.

Nuestras relaciones vienen determinadas por el Espíritu Santo, son parte de un plan deliberado para que todos los seres humanos lleguen a reconciliarse con Dios. Reconciliarse con Dios significa reconciliarse con el amor que llevamos dentro. Aprender a amarse a uno mismo no basta para acceder a Dios. Accedemos a Dios aprendiendo a amarnos los unos a los otros.

Las relaciones son el templo del Espíritu Santo* (P., 2, II). Forman parte de un currículo altamente individualizado por el cual se nos ofrecen oportunidades para el desarrollo del alma, personificadas en aquellos a los que podemos enseñar y de los que podemos aprender.

A través de las relaciones desarrollamos nuestros puntos fuertes y podemos examinar los aspectos más débiles. Son el espacio que nos permite honrar el alma de los demás o enfrentarnos al alma de los demás. En las relaciones más intensas a menudo hacemos ambas cosas.

Las relaciones son experiencias de crecimiento, y la vida consiste en una serie de lecciones que debemos repetir hasta tenerlas bien aprendidas. O bien te desprendes del pasado, o bien lo alargas, negándote a ti y a otros la oportunidad de un futuro distinto.

El Espíritu Santo nos une a personas que se complementan con nosotros a la perfección, no solo en cuanto a fortalezas, sino también en cuanto a heridas. Por eso las relaciones son complicadas. Crecer es un proceso difícil, las relaciones son difíciles y el amor es difícil. Un universo intencionado alienta el desarrollo de todos los seres vivos y a menudo son las relaciones las que nos desafían a crecer.

Si nos comportamos con desamor, no deberíamos esperar que los otros reaccionen bien. Somos responsables de cómo nos mostramos ante los demás. El crecimiento espiritual es un camino a la madurez personal, y el universo nos empujará en esa dirección, tanto si queremos como si no. Cada relación, en realidad cada encuentro, nos ofrece la oportunidad y nos plantea el desafío de alcanzar la perfección a la que podemos aspirar. Podemos caer en la ciénaga del ego herido, pero también podemos elegir no hacerlo. Jesús nos ayudará si se lo pedimos.

Con frecuencia, las personas optan por el abandono mutuo, cuando la herida es demasiado intensa y el perdón excesivamente débil. Y en ocasiones las consecuencias son trágicas. Dicen que el amor saca a relucir toda clase de cosas que nada tienen que ver con el propio amor. Sucede así porque, cuando dos corazones se unen, el ego está más alerta que nunca. Todo se presta a ser revisado y a ser liberado, puesto que no hay terreno más inestable —o más sagrado— que el terreno del amor.

Jesús nos garantiza nuestra conexión con los demás, porque Él mismo es el vínculo que nos une. Recurrir a él es una petición de ayuda que resuena en todo el universo y que tiene la capacidad de transformarlo.

Querido Jesús:
Por favor, toma en tus manos mi relación con ________.
Eleva nuestra relación al orden divino.
Que una ola de perdón nos inunde a los dos y
disuelva los muros que nos separan.
Que solo veamos la bondad en nosotros mismos y
en el otro. Libéranos del miedo al amor, querido Dios.
Sana nuestras heridas para que no volvamos a hacernos daño.
Amén.

La única manera de sentirse cerca de Dios es estar al menos dispuesto a acercarse a las otras personas. Y eso, obviamente, no siempre es fácil. Relacionarse con otro ser humano a veces se parece a mirarse al espejo y emprenderla con el cristal. Puesto que, en el plano mental, no hay separación entre dos personas, el trato que damos al otro nos lo damos a nosotros. Cuando atacamos a alguien, aunque sea en un plano meramente mental, es como si descargáramos una espada sobre su cabeza y al final atravesara la nuestra.

El siguiente extracto pertenece a *Un Curso de Milagros*.

> *Un carcelero no puede ser libre, pues se encuentra atado al que tiene preso. Tiene que asegurarse de que no escape, y así pasa su tiempo vigilándolo. Y los barrotes que mantienen cautivo al preso se convierten en el mundo en el que su carcelero vive allí con él. Sin embargo, de la liberación del preso depende que el camino de la libertad quede despejado para los dos. Por lo tanto, no mantengas a nadie prisionero. Libera en vez de aprisionar, pues de esa manera te liberas tú. Los pasos a seguir son muy sencillos. Cada vez que sientas una punzada de cólera, reconoce que sostienes una espada sobre tu cabeza. Y esta te atravesará o no, dependiendo de si eliges estar condenado o ser libre. Así pues, todo aquel que aparentemente te tienta a volverte iracundo representa al que te ha de salvar de la prisión de la muerte. Por lo tanto, debes estarle agradecido en lugar de querer infligirle dolor.** (L.E., Lec. 192).

Así pues, la predisposición a ver la bondad de los demás es importante, porque suprime la tentación de atacarnos a nosotros mismos. El cielo es la conciencia de nuestra unidad; por consiguiente, cualquier pensamiento de desamor hacia otra persona nos impide experimentar el cielo. A la paz del cielo se accede de dos en dos.

Si Dios me creó perfecta, también creó perfecto al resto del mundo. Dios te ama infinitamente, y ama así a todos los demás. A la mente humana le cuesta concebir siquiera un amor infinito, pero Jesús nos ayudará cuando flaqueemos. Él eleva la mente sobre los pensamientos de separación para que podamos trascender la mentalidad terrena y nos recuerda cómo amar a los otros para que seamos capaces de amarnos a nosotros mismos de todo corazón.

A través de las relaciones, la vida nos ofrece oportunidades de aprendizaje constantes. No hay encuentro insignificante a los ojos de Dios, porque no hay personas insignificantes. Podría ser una oportunidad para actuar desde la ética o no hacerlo; mostrar bondad o paciencia, o no demostrarlas; mostrar gratitud o no a la persona que nos ha ayudado; perdonar en lugar de culpar a una persona. Cada relación alberga una lección acerca de cómo reivindicar y expresar el amor que constituye nuestra esencia.

Cada vez que dos personas se relacionan, se produce un encuentro sagrado o profano. O se abre paso el espíritu, o lo hace el ego. Podemos relacionarnos de alma a alma o de máscara a máscara. Los espíritus buscan la manera de acercarse, mientras que los egos tienden a alejarse.

No obstante, está en nuestra mano elegir. Si estás a punto de conocer a alguien, lo más poderoso que puedes hacer antes de llegar al encuentro es rezar por su felicidad. Reza para ver su bondad. Pídele a Dios que emplee vuestra relación para el bien. Ruega para que vuestra relación sea una bendición para los dos y os brinde la oportunidad de ver la bondad del otro. Imagina que Jesús os rodea con los brazos a los dos.

Eso dirige tu mente al campo que deseas habitar, el reino del amor y no el del miedo. Les quita oxígeno a pensamientos del estilo «Tengo miedo de no caerles bien». Pues donde hay luz no puede haber oscuridad. Y si la mente está en sintonía con Dios, no puede sintonizar con el pensamiento neurótico. Jesús es el camino para sintonizar con Dios. Te eleva sobre el espejismo de la separación para conducirte al campo donde todos somos uno.

Hace años me invitaron a una reunión profesional con unas cuantas mujeres de negocios de Nueva York. No sé por qué razón ese día fui un desastre absoluto respecto a todos los principios que expongo aquí. No recuerdo no haber meditado por la mañana, aunque sé que fui a la reunión directamente desde el aeropuerto. En cualquier caso, tengo muy claro que ese día no prediqué con el ejemplo.

Por la razón que sea, adopté una actitud negativa tan pronto como entré en la sala. Incluso le dije a la persona que tenía al lado:

—Madre mía, odio estas reuniones, ¿tú no?

En ese momento empecé a vislumbrar lo que estaba pasando. Advertí que todas las mujeres sentadas a mi mesa me miraban con una expresión entre sorprendida y sumamente decepcionada. Estaba claro que no se esperaban que Marianne Williamson fuera así. Pensaban que sería..., bueno, más simpática.

Sucedió hace años y todavía noto una punzada de vergüenza cada vez que lo recuerdo. Si la experiencia me sirvió para algo, fue para tomarme muy en serio la importancia de bendecir una sala antes de entrar.

Cuando bendecimos a los demás, nos estamos bendiciendo a nosotros. El amor que tanto buscamos en la vida es aquel que seamos capaces de generar. Todo el amor que demos se nos devolverá y todo el amor que escatimamos nos lo estaremos arrebatando a nosotros. Puede que no lo veamos enseguida, pero la ley es inalterable. Compórtate con los demás como te gustaría que se comportaran contigo, porque lo harán. O alguien lo hará. Las ideas no abandonan su fuente y todo lo que das lo recibes.

El amor está siempre a nuestra disposición, pero debemos escogerlo desde la conciencia. El ego empleará toda su astucia para resistirse. El amor que no recibe le obsesiona tanto que es incapaz pensar en el amor que niega él. Al ego le indigna la idea de que alguien pueda no amarle de todo corazón cada minuto del día.

Como un animal carroñero, el ego busca cualquier prueba, por pequeña que sea, de la culpabilidad de un hermano. Este no ha doblado bien la ropa limpia. El otro ha tenido la desfachatez de llevarme la contraria. El ego usará cualquier cosa a su alcance para separarnos de los demás. Si estoy pendiente de culpabilizarte, es que te considero distinto de mí y, por tanto, creo que estamos separados. De ese modo, la separación se fortalece. El ego siempre está en guardia, porque se juega su supervivencia. Es la mente de la crítica constante. Literalmente, nada ni nadie tiene permiso para dar la talla.

A menudo, solo al mirar atrás nos percatamos de cómo en su momento bloqueamos el amor en una relación: estábamos convencidos de que la otra persona era culpable, cuando lo cierto es que nosotros no nos comportamos mejor. ¡Y nosotros que creíamos que le estábamos poniendo límites! ¡Que nos negábamos a ser codependientes! En cuestiones de amor, solemos estar ciegos hasta que es demasiado tarde. Pues el ego es odio a uno mismo a menudo disfrazado de amor propio. Su retorcido mandato es «buscar en vano»* (T., cap. 29, VII).

De ahí que, al principio de la relación, sea tan importante rezar. Y luego debemos seguir rezando sin cesar, obviamente. He descubierto que, cuando no soy capaz de gestionar una situación desde el amor —cuando me altera o estrangula el corazón por la razón que sea—, el Espíritu corre en mi ayuda. «Vendré en respuesta a toda llamada»* (T., cap. 4, III).

Si estamos dispuestos a encarnar el amor, aparecerán oportunidades y desafíos. Cada vez que experimentes dificultades en una relación, pregúntate qué piensas de esa persona que Dios jamás pensaría, y qué podría pensar Dios que quizá tú no estés pensando. El mero hecho de formularte la pregunta te ofrecerá la respuesta. Dios no mira a nadie y se dice: «Madre mía, menudo idiota».

Freud afirmaba que usamos la inteligencia al servicio de la neurosis: no hay nadie tan listo como para no caer en las trampas del ego en el terreno de las relaciones. A fin de cuentas, pondremos la inteligencia al servicio del ego si no hacemos nada para remediarlo. El ego es suspicaz en el mejor de los casos y cruel en el peor. La única manera de derrotarlo, de disolver su influencia, de devolverlo a la nada de la que procede, es amar tan profundamente que no tenga un resquicio por el que colarse. Y si en algún momento eso te parece demasiado difícil, llámalo y Él acudirá.

Perdón

*Él no te dirá que debes juzgar a tu hermano basándote en lo que tus ojos ven en él ni en lo que su boca les dice a tus oídos o en lo que el tacto de tus dedos te informa acerca de él. Él ignora todos esos inútiles testigos, que no hacen sino dar falso testimonio del Hijo de Dios. Solo reconoce lo que Dios ama, y en la santa luz de lo que Él ve, todos los sueños del ego respecto a lo que tú eres se desvanecen ante el esplendor que contempla** (L.E., Lec. 151).

A todos nos han enseñado a perdonar desde el ego. Alguien se ha portado como un idiota, pero tú (maravilloso como eres) eres un ser tan evolucionado y espiritualmente superior que estás dispuesto a perdonarle.

Perdonar desde esa mentalidad no es auténtico perdón, sino un juicio encubierto: qué pócima perfecta del ego. Colocarnos a nosotros aquí arriba y al pobre pecador ahí abajo solo sirve para intensificar la separación. Me hacen gracia las personas sentenciosas que aseguran no creer en el pecado. Siempre pienso: «Oh, sí, claro que crees». Si consideras que hay culpables, crees en el pecado.

El verdadero perdón consiste en no identificar a una persona con su error. La predisposición a retirar el velo del espejismo —a ampliar la percepción más allá de lo que perciben los sentidos físicos, a lo que nuestro corazón nos dice que es verdad— es el milagro que transforma una relación desde su causa más profunda.

Hace poco tuve una diferencia de opiniones con una amiga

y me sentía muy incómoda por ello. Yo deseaba resolver el problema; ella, por su parte, me estaba evitando. La llamé. Le envié un mensaje de texto. No quise insistir para no quedar como una tonta.

Pero estaba cada vez más enfadada y empecé a articular mis agresivos argumentos en la comodidad de mi mente. «Seguro que ha vuelto a consumir. Está claro que nuestra amistad ya no le interesa. Además, sé muy bien la clase de gente que frecuenta últimamente. ¿Qué podía esperar?». Aunque yo no estaba por encima de esa clase de pensamientos, sí por encima de la idea de que fueran sanos.

Dejé que mis críticas hirvieran un rato en la superficie de mi mente y sencillamente las puse en manos de Dios. Yo sabía muy bien que no debía actuar desde ese lugar. Pero necesitaba que un milagro atenuara mi ansiedad y recé pidiendo uno. «Querido Dios: por favor, ayúdame a ver su bondad».

Pasadas un par de horas, recibí un mensaje de texto. Mi amiga estaba con gripe desde la semana anterior, apenas empezaba a sentirse mejor y... ¿podía llamarme mañana? Remató las palabras con un dulce «¡Te quiero!».

Me revienta reconocerlo, pero es muy posible que en cierta época de mi vida hubiera cortado de raíz la posibilidad del milagro con un mensaje de texto absurdo. El ego siempre se erige como la solución a la ansiedad que sentimos cuando aparece el conflicto: «¡Proyecta la culpa! ¡Dile a esa persona cómo te sientes! ¡Dile hasta qué punto está equivocada!». El ego, como ya sabemos, no quiere que seamos conscientes de que nos saldrá el tiro por la culata.

Al proyectar la culpa en el otro, el ego busca anular a Dios. Oscila constantemente entre pensamientos de ataque y pensamientos defensivos, pues ambos fomentan la idea de que alguien es culpable y, por consiguiente, ese alguien está separado de nosotros. El perdón nos recuerda la eterna bondad con la que fuimos creados. También nos recuerda que todos somos uno y nos abre los ojos a la unidad espiritual. Reconocer nuestra unidad disuelve el ego, porque el ego es la falsa creencia de que somos entes separados y desaparece cuando comprendemos que no es así. Allí donde hay amor, el ego no tiene cabida.

El perdón implica recordar que todos somos inocentes porque así nos creó Dios. En ocasiones perdemos el contacto consciente con nuestra propia bondad, ya que vivimos en un mundo que no deja de contradecirla. Pero el amor es capaz de traspasar el espejismo del yo confundido para vislumbrar la verdad que asoma del otro lado.

Todo el mundo comete errores. El perdón depende de cómo respondamos a esos errores, y nuestra respuesta depende de cómo los interpretemos. Interpretar las conductas humanas desde una mentalidad de milagros requiere contemplar cualquier acto como un gesto de amor o como una petición de amor. En ambos casos, la respuesta adecuada es el amor.

Cuando juzgamos a alguien, le estamos haciendo rehén de nuestras expectativas y nuestros raseros. Pero al hacerlo nos convertimos en rehenes a nuestra vez, pues el carcelero no disfruta de mayor libertad que el prisionero. La única manera de ser libre es estar dispuesto a liberar al otro. Aquello que percibo en ti lo voy a experimentar inevitablemente en mí.

«El perdón es una forma de recordar selectiva que no se basa en tu propia selección»* (T., cap. 17, III). Es la decisión consciente de centrarse en las cosas que una persona hizo bien, por más que el ego señale lo que hizo mal. En el caso de mi amiga —como sucede a menudo—, ella ni siquiera había hecho algo; ¡sencillamente me lo imaginé! El perdón es la decisión de defender lo que percibimos como verdad con el corazón, por encima de lo que nos dicen los sentidos físicos.

Cuando te perdono, me libero de los efectos del desamor que me has dispensado. Al tomar la decisión de no creer en la causa, soy invulnerable a los efectos. Si apuesto por ese milagro en mi vida, soy capaz de obrar milagros en la tuya. Te bendigo, porque mi decisión de ver tu bondad te recuerda que eres bondadoso. Y yo estoy bendita, porque al liberarte de la culpa me libero de la mía. Cada encuentro es un camino al cielo o un camino al infierno, dependiendo de si decido dejar el corazón abierto o cerrarlo. Solo cuando elijo ver tu bondad soy capaz de ver la mía.

No podemos experimentar paz interior si guardamos rencor. Solo podremos escapar del mundo que no deseamos si renunciamos a los pensamientos agresivos. Cualquier persona que conozcamos puede crucificarnos o salvarnos, según lo que decidamos ser para ella.

El perdón constituye tanto nuestro cometido como nuestra salvación. Ofrece el único antídoto a la guerra que libramos contra nosotros mismos y contra los demás. Nos permite recuperar la cordura en un mundo enloquecido. El perdón es una ilusión, pues pertenece al reino del pensamiento mortal. Sin embargo, es una ilusión que nos transporta más allá del espejismo. El perdón es el camino a la libertad.

Jesús, en su dimensión mística, es la mente del perdón. Él nos ama a todos de manera incondicional, porque nos ve con los ojos de Dios. Al vernos con los ojos de Dios, no vislumbra nada excepto amor. El milagro del perdón nos permite vislumbrar lo mismo.

Querido Jesús:
Sé que en tu mente no hay nada salvo amor incondicional,
pero yo no soy capaz de pensar igual que tú.
Mi herida, mi dolor emocional, es demasiado grande.
No consigo ver la bondad de aquel que me hizo daño.
Pero estoy dispuesto/a a hacerlo,
pues sé que al resistirme al amor
solo me hago daño a mí mismo/a.
He abierto la mente y el corazón para recibirte.
Te ruego que transformes mi mentalidad y eleves mi corazón,
y que sea capaz de amar como tú lo haces
para encontrar la paz interior.
Amén.

Renunciar al resentimiento

El plan del ego para la salvación gira en torno a albergar resentimiento. Sostiene que, si alguien hablara o se comportara de manera distinta, si alguna circunstancia externa cambiara, todo iría bien. Por consiguiente, la fuente de redención se percibe constantemente como algo externo. Cada agravio de tu lista es una declaración, una afirmación que crees a pies juntillas, según la cual «si esto fuera distinto, yo estaría salvado». Pedimos a todos y a todo un cambio de mentalidad, a todos menos a nosotros mismos.

En consecuencia, el papel asignado a la propia mente en este plan consiste en decidir qué debe cambiar para que todo se arregle, siempre y cuando el cambio exigido no sea mío. Según este plan absurdo, cualquier fuente de salvación percibida será aceptable, porque no va a funcionar: eso nos garantiza que la búsqueda infructuosa se prolongue hasta el infinito, pues pervive la ilusión de que, aunque las expectativas nunca se cumplan, todavía hay esperanza en otros lugares y otras cosas. Otra persona lo hará mejor; otra situación se revelará exitosa.

Ese es el plan de salvación que te ofrece el ego. Seguro que ya has advertido que concuerda a la perfección con la doctrina egoica básica: «busca, pero no halles»* (T., cap. 29, VII).

Muchos hemos vivido relaciones que, en algún momento, llegaron a parecer imposibles de sanar. A veces seguimos resentidos durante décadas, aunque hasta el más mínimo rencor es como una sombra que tapa el sol.

Renunciar al resentimiento puede ser complicado cuando estamos convencidos de que tenemos razón. En esas ocasiones creemos que, si perdonáramos, estaríamos consintiendo la mala conducta del otro. Pero si nos negamos a perdonar a alguien no le hacemos daño a esa persona: nos lo hacemos a nosotros. ¿Prefieres tener razón a ser feliz?* (T., cap. 29, VII).

Aún más importante, cuando albergamos resentimiento impedimos que el universo repare la situación que nos hirió de buen comienzo. Le cedemos todo el poder a la persona que nos hizo daño, cuando el poder de Dios está ahí para reparar el problema si nos quitamos de en medio. El universo siempre está dispuesto a volver a empezar, a crear el siguiente prodigio. Dios puede resolver cualquier conflicto tan pronto como surge. Sin embargo, al arrastrar resentimiento del pasado al presente, se lo impedimos. Tenemos que cederle el paso al milagro. El rencor nos mantiene atados al ayer y programa el mañana para que lo repita. Solo en el Instante Sagrado, en el espacio de amor que trasciende nuestro empeño en seguir centrados en el pasado, los milagros remplazan al resentimiento.

Hace muchos años quedé para comer con una famosa escritora cuyo marido era el redactor jefe de una publicación muy prestigiosa. La revista había publicado un artículo que me había hecho sentir degradada y todavía estaba herida. Aún me encojo de vergüenza al recordarlo, pero tenía tan poca autodisciplina que durante el almuerzo le mencioné la ofensa a la mujer.

Se le desencajó la cara y en ese momento comprendí lo que había hecho. Ni siquiera sabía hasta qué punto había metido la pata. Más tarde descubrí que su marido sufría un cáncer muy grave; ella había leído mi libro y me había invitado a comer para pedirme consejo y sabiduría. De una situación que me desautorizaba había surgido otra en la que me podrían haber tomado muy en serio. Sin embargo, fui yo la que bloqueó ese camino. Me mostré como una persona herida y mezquina que arrastraba el pasado al presente y con ello cerré el paso al milagro.

Según *Un Curso de Milagros*, podemos aferrarnos al resentimiento o abrirnos al milagro, pero no podemos hacer ambas cosas. «Abrigar resentimientos es un ataque contra el plan de Dios para la salvación»* (L.E., Lec. 72).

Algunas de las ofensas que nos toca perdonar son, en ocasiones, muchísimo peores que un comentario que ha herido nuestros sentimientos. Traición, robo, violencia... La vida a menudo es dura y las personas pueden ser muy crueles. El perdón es un proceso que a veces requiere tiempo y no llega con rapidez ni fácilmente. Pero constituye un acto de misericordia no solo hacia la otra persona, sino también hacia uno mismo. Cuanto más nos aferremos al resentimiento, más tardará el universo en reparar el error y sanar nuestra herida.

Perdonar a una persona no implica aprobar lo que ha hecho. Y no debe preocuparnos que, por el hecho de perdonarla, se vaya a salir con la suya. La justicia divina es implacable: el universo lleva unas cuentas perfectas. La frase bíblica «Mía es la venganza; yo pagaré, dice el Señor» significa que le corresponde a Dios ocuparse del problema, no a ti. Nuestras actitudes punitivas no contribuyen al proceso de que alguien rinda cuentas: la venganza terminará volviéndose contra nosotros.

A menudo, cuando estamos particularmente molestos por algo que nos han hecho, el odio que no queremos mirar está en realidad dirigido hacia nosotros mismos: es la conciencia de cómo nosotros contribuimos, por acción o por omisión, a la situación que nos hirió. ¿De qué maneras le facilitamos a alguien hacer lo que hizo? ¿En qué momentos no supimos ser asertivos? No podemos controlar todo lo que pasa en nuestra vida, pero siempre podemos controlar quiénes somos una vez que ha sucedido. Puede que no escogiéramos la crucifixión, pero resucitar o no es elección nuestra.

El amor es la solución, sea cual sea el problema. No importa si tenemos un conflicto con alguien en el plano del pensamiento o con la que es pareja desde hace décadas. El principio es el mismo. Cuando nos separamos del otro, nos separamos de Dios. Y si nos separamos de Dios, cerramos el paso a un milagro y nos autosaboteamos.

Si te cuesta perdonar a alguien, este ejercicio te ayudará.

Siéntate cómodamente y cierra los ojos.

Ahora visualiza una pantalla. En el lado izquierdo, imagina a esa persona tal como la ves normalmente. Visualiza su cuerpo, sus prendas de vestir, su conducta habitual.

Concéntrate un momento en esa imagen y visualiza que se empieza a formar una pequeña esfera dorada en su corazón. Ahora, muy despacio, imagina que esa luz se expande hasta abarcar todas las células de su cuerpo. De nuevo muy despacio, visualiza la luz expandiéndose más allá de los límites de su cuerpo, tan brillante que el propio cuerpo físico se desvanece en las sombras. Imagina que la luz se sigue extendiendo hasta envolver a esa persona por completo.

Ahora, también muy despacio, desplázate al lado derecho de tu pantalla imaginaria y visualízate a ti. Mírate con tu cuerpo, tus prendas de vestir, tu manera de comportarte habitualmente. Visualiza una pequeña esfera de luz dorada en tu corazón e imagina que va abarcando hasta el último órgano y célula de tu cuerpo. De nuevo muy despacio, mira cómo la luz se expande más allá de los límites de tu cuerpo, de tal modo que el cuerpo físico se desvanece en las sombras. Imagina que la luz se proyecta hacia fuera en todas direcciones.

A continuación...

Lentamente, mira el centro de la imagen, donde la luz que proyecta la otra persona se funde con la luz que proyecta tu cuerpo. Allí, en esa luz dorada, más allá de los cuerpos, está el templo de la relación sagrada.

Quédate ahí. No desplaces el foco interior. Presénciaio. Permanece en calma y déjate impregnar por el saber.

Concédete el tiempo para reconocer ese espacio de unidad, que es la realidad del espíritu, más allá del cuerpo, más allá de la separación y, por tanto, más allá de la culpa.

Ahora estáis en casa, el uno en el otro y en Dios.

Querido Dios:
Dejo en tus manos mi relación con ______.
Elévanos por encima de las barreras que nos dividen.
Que una ola de perdón venga a nosotros
y arrastre todos los pensamientos culpabilizadores
que podrían destruir nuestro amor.
Que nuestros ojos se abran a nuestra propia bondad y
a la de la otra persona.
Que nuestra relación ascienda al justo orden divino
y nos otorgues tu bendición
del modo que Tú decidas.
Amén.

La relación con el mundo

Cuando una de las mujeres más amables y sensibles que he conocido falleció en uno de los aviones del 11-S, comprendí que a todos, no importa quiénes seamos ni dónde estemos, nos afectan los asuntos internacionales. Nadie se puede aislar por completo del mundo. Somos cada vez más vulnerables a la disfunción global, sea el cambio climático, los riesgos nucleares o la incertidumbre económica. Hoy día, el único modo de responsabilizarse de la propia vida es hacerse responsable del mundo.

Un día, cuando estudiaba séptimo curso, llegué a casa y les dije a mis padres que si no interveníamos en Vietnam acabaríamos combatiendo en las costas de Hawái. En el colegio me habían hablado del efecto dominó y empecé a explicarles a mis padres lo que había aprendido. Advertí que la cara de mi padre se crispaba y mi madre se llevó la mano a la frente como diciendo: «Uf, vaya, allá vamos».

Después de escucharme varios minutos, mi padre se levantó de la mesa del comedor.

—Se acabó, cariño —le dijo a mi madre—. Nos vamos a Vietnam.

Estábamos en 1965: todavía podías visitar Saigón siempre y cuando te quedaras a ocho kilómetros de la ciudad. Pero se respiraba miedo, una fuerte tensión en el ambiente, una sensación de fatalidad ineludible. Recuerdo que mi padre nos enseñó unos agujeros de bala en la pared de un edificio y nos contó cómo habían llegado allí.

Nos pidió a los tres hermanos que nos sentáramos en un banco, a su lado, y nos dijo:

—Escuchadme y nunca olvidéis esto, hijos. Estas gentes son personas reales. Si alguien intenta convenceros de que sus vidas no importan, de que podemos declararle la guerra a alguien sin motivo, prometedme que recordaréis este viaje. Algunas de las personas que habéis conocido aquí no sobrevivirán a lo que está a punto de pasar.

Tenía razón, obviamente. Le escuché y nunca olvidé sus palabras. Desde entonces, los tres hemos sido hasta cierto punto inmunes a la propaganda. Ese viaje nos acompaña como un escudo contra la palabrería oficial que tan a menudo se utiliza para convencernos de que hagamos lo que no deberíamos hacer.

Jesús ama al mundo y nosotros también deberíamos amarlo. Al ego le encanta decir que amarnos los unos a los otros «no tiene nada que ver con la política», pero es una reacción esperable por su parte. Miente. En palabras de Mahatma Gandhi, «¿acaso la política no forma parte también del *dharma*?». Si el amor divino se aplica a cualquier relación, se aplica también a nuestra relación con la totalidad del planeta. Y nuestra relación con la totalidad del planeta no se puede separar de la política.

Cuando era niña, en la sala de estar teníamos un gran atlas, y cuando mi padre nos enseñaba un mapamundi, solía decir: «Mirad, niños, Dios no puso fronteras entre los países. Lo hicimos nosotros».

Está claro que lo que nos separa es una creación humana.

Durante siglos, los ucranianos y los rusos han vivido como hermanos. De manera parecida, las gentes de Texas y las de México llevan siglos cruzando las fronteras entre los dos territorios de forma pacífica. Los árabes y los judíos fueron amigos errantes durante aún más tiempo. Los Estados nación modernos constituyen a menudo separaciones transaccionales entre pueblos cuyos corazones han estado históricamente unidos. El ego funciona a nivel tanto colectivo como individual para distanciarnos y destruir los frágiles vínculos entre nosotros. Nuestra tarea es crear un mundo en el que unas fronteras adecuadas sean el reflejo de un mayor grado de civilización, no una exhibición bárbara de desunión. Debemos encontrar un modo de trazarlas sin cerrar los corazones.

En alquimia, el término *separatio* significa separar todos los elementos para purificarlos, de modo que puedan reordenarse en un plano más elevado. Nuestras distintas etnias, culturas, nacionalidades, identidades sexuales y de género, religiones, etc., constituyen un esplendoroso crisol de una verdad interna. Son los hermosos extremos de los radios de la rueda, pero no son el centro místico. No constituyen la verdad más profunda de nuestra naturaleza. En el plano de la más honda realidad somos uno, y nuestro propósito en la Tierra es aprender a vivir unidos.

El ego siempre aspirará a mantenernos separados, y el sufrimiento engendrado por su apego a la culpa es intenso y progresivo. Hay personas que mueren por preservar el espejismo de la separación, y Dios no hace la vista gorda a este sufrimiento. Jesús llora, y nosotros también deberíamos hacerlo.

Tendríamos que llorar por los demás y también por nosotros mismos, ya que cosechamos lo que sembramos. Colectivamente, así como en el plano individual, ha llegado el momento de una expiación masiva. La ley de causa y efecto se refiere al karma, y el nuestro no es demasiado halagüeño. Desde la violencia que ejercemos los unos contra los otros hasta la violencia entre países, pasando por el violento atropello al planeta, nuestro ego colectivo hace lo propio del ego: su objetivo no es incomodar, sino destruir.

Llegados a este punto, muchos se preguntan: ¿es posible siquiera volver a empezar? ¿Podemos cambiar como especie? ¿Podemos sanar? La respuesta es un rotundo sí. Podemos reparar nuestros errores, expiar nuestras culpas y actuar de otra manera. Esto es tan cierto para los países como para las personas.

Aprenderemos a vivir juntos con amor. Aprenderemos a través de la sabiduría o a través del dolor, pero aprenderemos.

El crecimiento del alma

La espiritualidad no es algo que se pueda poner en práctica de vez en cuando. Es el sentido existencial de cada instante. El viaje espiritual requiere un trabajo práctico y constante. Es un proceso de toma de decisiones que tiene lugar minuto a minuto: ¿qué punto de vista adopto ante una situación? ¿Qué clase de persona voy a ser en esa circunstancia? ¿Qué voy a hacer al respecto?

La vida no trata solamente de las cosas que nos pasan, sino de cómo nos comportamos mientras están pasando. Cada circunstancia está diseñada por un universo inteligente, de manera específica, para el crecimiento del alma. De ahí que la vida, por su propia naturaleza, nos presente una oportunidad tras otra para decidir si actuamos desde el amor o desde el miedo: desde el perdón, la positividad y la cooperación o desde la culpabilización, la negatividad y la victimización.

Cada instante requiere una decisión. La tomamos consciente o inconscientemente, pero cada idea que albergamos implica una elección y «todo pensamiento genera una respuesta en algún nivel»* (T., cap. 2, VI). Así de poderosos somos y hasta ese punto somos responsables de nuestra experiencia vital.

La vida que vivimos es el reflejo de pensamientos que previamente elegimos pensar. Nuestras vidas empiezan a cambiar cuando escogemos pensar de manera distinta en el momento actual. El viaje espiritual es el tránsito entre la persona que éramos antes y la vida que vivíamos anteriormente y la persona que queremos ser y la vida que nos gustaría vivir. Nada ni nadie puede decidir por ti los pensamientos que decidas albergar.

El mundo nos dirá que no hay una hoja de ruta, solo un universo arbitrario en el cual el bien supremo es hacer lo que nos apetezca o lo que nos permita ganar más dinero o nos ayude a conseguir lo que creemos desear. No se me ocurre una mentalidad más limitada que una visión de la vida tan vacía y sin propósito.

Vivir al servicio de un propósito superior constituye el único camino a la felicidad, porque para eso estamos aquí. Lo que el ego nos vende como libertad no es verdadera libertad, sino un permiso sin responsabilidad. Es una cárcel que nosotros mismos nos fabricamos. Seguir a Jesús, hacer la voluntad de Dios, esforzarnos por pensar y actuar desde el amor implica cumplir los deseos de nuestro verdadero ser.

*

Los pilares de una vida bien vivida

Los tres principios que defienden las personas que recorren un camino espiritual son los siguientes: fe, amor y servicio.

Esos son los pilares de la rectitud, o recta-actitud, de la mente. Aún más: son nuestros poderes. Constituyen maneras de usar la mente por encima de las limitaciones del mundo mortal.

Seguro que todos hemos visto cómo encajan las piezas por sí solas cuando existe armonía entre los distintos elementos de un sistema, y cómo las cosas se desmoronan cuando reinan la ira y la negatividad.

La fe en que en presencia del amor todo es posible y la convicción de que el perdón siempre derrotará la tiranía del ego: esos son nuestros grandes poderes si dejamos que los milagros iluminen el camino. El Espíritu Santo es el impulso de los milagros, así como su canal. Jamás deja de estar disponible para mostrarnos dónde nos están esperando. «Nunca me aparto de nadie en ninguna situación»* (T., cap. 7, III).

El mundo puede ser un lugar milagroso, y en muchos sentidos lo es. Abrazamos a nuestros hijos, nos enamoramos, construimos comunidades. Todo está ahí. Pero el sistema de pensamiento basado en el miedo que domina el mundo es como una espada de Damocles que pende sobre todos nosotros. El destino del mundo depende literalmente de si somos capaces de dejar de agredirnos mutuamente, a la Tierra y a nosotros mismos.

Necesitamos creer que es posible cambiar y que podemos transformar el mundo.

Necesitamos disolver las capas de miedo que pesan sobre el planeta.

Necesitamos una conciencia de servicio para asegurarnos de que así sea.

A medida que se incrementa nuestra capacidad de encarnar el amor que constituye nuestra verdadera naturaleza, empezamos a atraer compañeros poderosos a la experiencia vital. Conocemos a personas que nos generan la casi misteriosa sensación de que, detrás del encuentro, hay un propósito más elevado que nuestras metas terrenas. Ya no nos motivan nuestros objetivos particulares, sino el deseo de colaborar con otros para generar cambios colectivos en el mundo que habitamos.

La idea de que trabajamos para ganar dinero, obtener poder o cualquier otro propósito dictado por una cultura basada en el consumismo empieza a quedar en segundo plano frente a un anhelo más significativo: crear algo bueno, algo hermoso, algo sagrado. Y hacerlo con los demás.

La naturaleza intencional del universo no se aplica únicamente a nuestras vidas individuales, sino también a las relaciones. Nos atraen personas que contribuyen a nuestra sanación y con las que podemos conseguir más de lo que lograríamos solos. Esa es la energía regenerativa de Cristo que se manifiesta en el mundo actual. Sí, las artimañas del ego siguen representando un peligro para todos. Pero la sensación de que Dios está activo, de que el espíritu del renacimiento está presente, de que Jesús sigue caminando sobre las aguas también es palpable.

Él nos trae orden en medio del caos, representa la sabiduría en medio de la confusión, es el amor que expulsa al miedo. Jesús está en mí, en ti y en todos nosotros, sea cual sea el nombre que le demos. En los momentos de desesperación, basta con llamarlo y Él acudirá. El futuro se adivina complicado, pero no estamos solos.

El amor vencerá, porque Dios siempre tiene la última palabra. Ahora bien, depende totalmente de nosotros, pues el tiempo que tardemos en llegar allí y cuánto sufrimiento experimentemos antes de que se haga la luz vienen determinados por el ejercicio de nuestro libre albedrío. En el Talmud está escrito que en mitad de la noche más oscura deberíamos comportarnos como si ya hubiera amanecido. Porque, en cierto sentido, es así.

Aleluya. Gloria a Dios. Amén.

CAPÍTULO
4

Él no murió

*No enseñes que mi muerte fue en vano. Más bien enseña que no morí demostrando que vivo en ti.** (T., cap. 11, VI).

JERUSALÉN

La basílica del Santo Sepulcro de la Ciudad Vieja de Jerusalén alberga dos de los enclaves más sagrados del cristianismo: el lugar donde Jesús fue crucificado y la tumba donde fue enterrado y resucitó.

Es asombrosa la cantidad de historia que se concentra allí, basada en tradiciones que se remontan al siglo IV. Los visitantes suben un angosto tramo de escaleras para ver el lugar de la crucifixión. En una sala, tras un vidrio, puede verse la roca sobre la que fue derramada la sangre de Cristo. Para mí, uno de los pasajes más profundos de la Biblia es la historia de las mujeres que, reunidas a los pies de la cruz, se negaron a abandonarla mientras duró el sufrimiento de Jesucristo.

Estar en la iglesia resulta intensamente conmovedor. Yo viví una experiencia interesante la primera vez que la visité. Una amiga y compañera en el estudio de *Un Curso de Milagros* llamada Daniella se encontraba en Israel durante mi visita y habíamos hablado por teléfono esa mañana. Ella estaba en Tel Aviv y yo en Jerusalén, las dos ocupadas en asuntos diversos y sin saber cuándo coincidiríamos. Acordamos seguir en contacto para vernos en algún momento.

Después, cuando visité la basílica, me sentí abrumada por los cientos de personas que pululaban por el templo. Turistas y creyentes de todo el mundo llenan la iglesia cada hora que permanece abierta —cuatro millones de personas al año— y el ir y venir de tanta gente por todos los rincones de la sala forma parte de la experiencia.

Después de subir y volver a bajar, me encaminé a la sala inferior, situada bajo el lugar donde murió Jesús. Arriba está el lugar donde Jesucristo fue crucificado; debajo la zona donde se reunieron los testigos de su sufrimiento. Al asomarme al interior, descubrí sorprendida que la sala estaba completamente vacía. Bueno, vacía, salvo por Daniella.

La miré y ella me miró. No había palabras para describir el momento. Las dos lo percibimos. No sé quién había estado a sus pies dos mil años atrás, pero Daniella y yo estábamos juntas a sus pies en ese instante.

Detroit

La mente moderna tiende a burlarse de la idea del mal. Reconoce su existencia, pero se considera demasiado inteligente para investigar de dónde procede. Al ego le encanta esa actitud, naturalmente. Le permite operar en secreto.

El ego no es una disfunción, es un funcionamiento pernicioso. No es neutro, sino malévolo. Y su objetivo no es causar molestias: es destruir todo lo hermoso y valioso que tienes, incluido tú mismo.

Jesucristo sufrió una muerte horrible. No le infligieron una herida que acabara con su vida al instante. La suya fue una tortura que duró horas. Con cada hora que pasaba, su sufrimiento se incrementaba. No podría haber una imagen más potente de injusticia y crueldad sin límites que la tortura de un hombre inocente que había ayudado a tantos y no había hecho daño a nadie.

No es la realidad de su muerte, sino el sentido de esta lo que alberga una lección para nosotros. Miles de millones de personas en la actualidad, aquí en la Tierra, experimentan padecimientos tan horribles como el suyo y por razones igual de injustas. Al tomar conciencia del sufrimiento de Jesús, deberíamos recordar el sufrimiento del mundo. Su mensaje no fue: «Eh, miradme». Su mensaje fue: «Eh, mirad a vuestro alrededor».

Hace muchos años fui ministra de una iglesia y centro espiritual no confesional de Detroit. Cuando llegué, me dijeron que tenían la tradición de celebrar un servicio de Viernes Santo. Yo dudé: no soy pastora cristiana, sino maestra de verdades espirituales universales. Hablaría encantada de la Pascua de Resurrección, pero un servicio de Viernes Santo posee visos cristianos muy marcados y no sabía si me sentiría cómoda presidiéndolo.

Pero como comprendí que el servicio de Viernes Santo significaba mucho para los miembros de la congregación, lo contemplé desde una perspectiva más profunda. Fui capaz de ver con mayor claridad la conexión espiritual y psicológica entre tomar conciencia de la muerte de Cristo el viernes y celebrar su resurrección el domingo. Nunca me ha interesado el dogma religioso, pero sí la experiencia religiosa, y no hay nada más profundo que un servicio cuando es auténtico y real. La palabra *religión* procede del vocablo latino *religio*, que significa «estrechar un vínculo». Su objetivo es estrechar nuestro vínculo con la verdad de nuestros corazones.

Algo a lo que me resistí de buen comienzo se convirtió para mí en el día más impactante del año que duró mi permanencia en la Renaissance Unity. Durante una jornada, en ese servicio, tomamos conciencia de la intensidad del sufrimiento humano, tanto el propio como el ajeno. Sentimos el horror, la pena y el dolor de este mundo. Lo miramos a los ojos, sin desviar la vista. Al dar testimonio del sufrimiento de Jesús, dimos testimonio del sufrimiento del mundo.

Cuando llegó el Domingo de Pascua, no nos limitamos a vestirnos de punta en blanco. No solo vibramos de alegría cuando el coro entonó su aleluya. No, algo muy importante había ocurrido en el servicio de Viernes Santo, y todos lo habíamos experimentado. Fuimos capaces de sentir la dicha de la resurrección de un modo que no habría sido posible en otras circunstancias. Al concedernos un espacio para observar a fondo lo que implica un mundo sin amor, pudimos celebrar su reaparición de un modo nuevo por completo.

Como habíamos mirado de cerca la oscuridad de la crucifixión, pudimos contemplar más profundamente la luz de la resurrección. Las heridas no sanan si no se atienden. La crucifixión es la herida del mundo: la fuerza violenta y destructiva del ego, sea cual sea la forma que adopte. Negarse a mirarla no es trascendencia, es negación. Contémplala y luego medita la lección que nos transmite Jesús. A través del poder de la resurrección anulamos los efectos de las tinieblas.

Él venció y nosotros venceremos.

Crucifixión

El sufrimiento de Jesús en la cruz fue desde luego un acontecimiento histórico, pero, al igual que cualquier otro aspecto de su vida, nos habla de nuestra realidad actual. Su sufrimiento fue la materialización de la crueldad del ego, por la que Dios pudo demostrar, a través de la resurrección, que no existe mal en el mundo que el amor divino no pueda derrotar.

Mientras que los tradicionalistas creen que Jesucristo se sacrificó para expiar los pecados de la humanidad, las doctrinas esotéricas nos enseñan otra cosa. La crucifixión no fue un castigo para pagar las culpas de nadie. Un Dios de amor no habría obligado a Jesús a morir por la maldad de otros.

En cambio, podemos contemplar la crucifixión de Jesús como el último viaje al sinsentido, el último desvío a las regiones de las tinieblas. Entre sus últimas palabras destaca una frase: «Consumado es». No hablaba solo de sí mismo, sino de todos nosotros. Se enfrentó a la oscuridad del mundo hasta dar la vida y sobrevivió. Unido a la conciencia de un Dios inmortal, estaba por encima de la muerte. En el reino del espíritu, nosotros también lo estamos.

Pero Jesús no nos pide que nos unamos a su crucifixión: nos pide que participemos en su resurrección. La crucifixión fue una demostración radical de lo lejos que puede llegar el ego; la resurrección es una demostración radical del poder de Dios para anularlo. Demuestra que, si bien el odio triunfó aparentemente sobre el amor, con el tiempo el amor tiene la última palabra.

Como sucede con cada hecho de la vida de Jesús, el principio que revela la crucifixión se nos aplica a todos. Nuestras crucifixiones rara vez son tan extremas como la suya, naturalmente. Sin embargo, el patrón que emplea el ego para destruir el espíritu es tan operativo en nuestra vida como lo fue en la suya. De nuevo, la respuesta es reivindicar el poder de la resurrección. Sea lo que sea lo que estemos viviendo, el poder divino del amor pondrá las cosas en su sitio. La mente de Jesús encontró la manera de hacerlo. Al unir nuestras mentes a la suya, nosotros la encontraremos también.

En ocasiones, la crucifixión es algo tan pequeño como un gesto hiriente o un comentario desagradable por parte de alguien. Sin embargo, hasta la más mínima situación incómoda nos puede servir para practicar, para tomar una decisión elevada. La acumulación de muchas heridas pequeñas basta a menudo para endurecernos. Un poco de ego sigue siendo ego. Es como un poquito de cáncer. Mejor que no esté ahí.

La crucifixión representa los continuados esfuerzos del ego por atacar, destruir y matar. El ego siempre nos está incitando a albergar pensamientos que arruinen nuestra sensación de paz, que saboteen nuestras relaciones y desvíen los milagros que constituyen nuestra herencia divina. Hoy el planeta está dominado por la locura y el miedo, por la conciencia perniciosa de una humanidad que ha olvidado tanto la fuente de la que procede como su propósito. Estamos cada vez más confusos y ya no recordamos quiénes somos. El ego es literalmente el *antidiós*. Hace lo posible por atacarnos, envilecernos y, a la postre, destruirnos.

La crucifixión de Jesús es el símbolo definitivo de que el ego se ha salido con la suya, provocándonos sufrimiento y finalmente la muerte. El ego es la creencia de que somos nuestros cuerpos; en consecuencia, la muerte del cuerpo es la victoria del ego.

Nuestro triunfo sobre la muerte radica en comprender que en realidad nadie muere. Pues lo que Dios creó no puede desaparecer. Como creaciones de Dios, somos espíritus eternos, y lo que vive en Dios no puede morir. Sus creaciones son inmutables e inexpugnables.

La crucifixión no nos transmite el mensaje de que Jesucristo murió: nos recuerda que venció a la muerte. Sigue vivo y habita en nosotros.

Todo está pasando ahora

La crucifixión y la resurrección no son meros símbolos. En realidad, son dinámicas espirituales que subyacen a nuestros pensamientos, sentimientos y experiencias. El miedo nos deprime, mientras que el amor nos alienta. Ese es el telar existencial en el que tejemos nuestras vidas.

En cada instante escogemos crucifixión o resurrección, miedo o amor. En cualquier momento, el ego hará de las suyas y, en cualquier momento, tenemos la posibilidad de elevarnos para dejarlo atrás.

El ego nos crucifica cuando nos separa de los demás: por eso no podemos estar unidos en la crucifixión. Somos uno en la resurrección, pues esta acontece cuando comprendemos que no hay separación posible. Cada pensamiento de culpa es un clavo en la cruz y cada pensamiento de perdón es el poder que nos permite resucitar. La culpa es la piedra angular del sistema de pensamiento del ego, igual que la inocencia es la piedra angular del Espíritu Santo.

Al proyectar la culpa en otro, nos atacamos a nosotros mismos. Como una enfermedad autoinmune, el ego agrede con saña aquello que estamos destinados a bendecir. Teniendo en cuenta que el poder de la mente es literalmente infinito, este aspecto de la psique es el arma de destrucción masiva más potente que podamos concebir.

Recuerdo que una vez, durante una cena, salió el tema de las bombas nucleares y mi hija, que entonces tendría unos diez años, enterró la cabecita entre las manos y dijo con gran sentimiento: «Es de locos que existan siquiera». Lo dijo con esa autoridad moral de la que solo un niño es capaz: sencilla e irrefutable. Su mente aún no albergaba pensamientos atenuantes, complicadas justificaciones o excusas de ningún tipo que pudieran velar esa verdad absoluta. Y tenía toda la razón.

El problema no es si las bombas nucleares son buenas o malas. El problema es que son una locura. Si tenemos en cuenta que podrían destruir la civilización humana tal como la conocemos y posiblemente la especie durante cientos de miles de años, el mero hecho de que existan ofrece un ejemplo de cómo la humanidad se crucifica a sí misma. Cuando Gandhi dijo que el problema del mundo es que la humanidad no está en su sano juicio, estaba en lo cierto.

Pero podemos volver a escoger. Podemos aplicar la atención en contra del ego igual que la aplicamos a su favor. Una vez consumada la resurrección, depende de nosotros reclamarla o no. La resurrección es una elección.

Vivimos en un mundo que respeta más la crucifixión que el amor. Damos más crédito al poder del cáncer para destruirnos que al poder de Dios para sanarnos. ¿Acaso no otorgamos mucha más atención y recursos a los que fomentan la guerra que a las personas que promueven la paz y construyen comunidades prósperas? Respetamos más el miedo que el amor. Nuestro ego colectivo emplea toda clase de pseudoprogreso para ocultar sus verdaderas intenciones. El camino de la resurrección está a nuestro alcance; el problema es que no acostumbramos a escogerlo.

Una vez que Jesús rompió el hechizo de las tinieblas, la resurrección se convirtió en una realidad en los planos invisibles de la conciencia humana. Es algo así como un superpoder que hubiéramos dejado tirado en la cuneta. Si decimos que creemos en la resurrección pero nos negamos a vivir su mensaje, nos burlamos de Jesús como otros se burlaron antes.

¿Y por qué nos resistimos? ¿Por qué muchos de los que declaramos nuestro deseo de amar y ser amados a menudo escogemos no hacerlo? Sin duda no se debe a que el amor sea irracional. Según *Un Curso de Milagros*, el amor nos devuelve el juicio y no a la inversa.

No, nuestras resistencias se deben a algo más profundo. Nos resistimos porque lo único que nos da más miedo que la muerte es tener que cambiar. Como afirma *Un Curso de Milagros*, algunas personas preferirían morir antes que cambiar de mentalidad (MT-51). Si Jesús es real, si está vivo y tenemos su poder a nuestra disposición, todo lo que nos han enseñado sobre el mundo es falso. Y esa realidad resulta aterradora para el ego.

Al ego le asusta el amor y, como nos identificamos con el ego, el amor nos aterroriza también. La idea de separación está tan arraigada en nuestro sistema de pensamiento que tememos desaparecer si renunciamos a ella. Y sucede así porque, para el ego, el amor equivale a aniquilación.

Con frecuencia se considera que aquellos que defienden el amor como la cura de todos los males del mundo «están fuera de la realidad». Sin embargo, elegir renunciar al amor es lo que conseguirá matarnos a todos. Aún más relevante: la realidad del ego ni siquiera es la verdad suprema. La humanidad está despertando a la verdadera Realidad.

Desde el cambio climático, que podría dejar el planeta inhabitable para la mayor parte de la población, hasta la posibilidad de una catástrofe nuclear, nuestra manera de vivir actualmente en este planeta constituye una crucifixión de la raza humana a cámara lenta.

Pero la historia no ha terminado. La resurrección es una elección.

Tiempo en el sepulcro

En ocasiones nos crucificamos a nosotros mismos, en ocasiones nos crucifican los demás. De vez en cuando tenemos la sensación de que nos han arrojado a una cueva oscura y nuestros sueños y esperanzas se han hecho añicos ante nosotros. Sentimos que el ego ha ganado: estamos perdidos, nos han derrotado. Nos ha abandonado la esperanza; la ansiedad se incrementa. Así es la crucifixión del yo.

A veces, la crucifixión es individual, como sucede cuando una persona sufre una injusticia. Otras veces, la crucifixión es colectiva, como en el caso de una guerra o de un genocidio. La crucifixión es una experiencia universal: habla tanto del sufrimiento de Jesucristo como del sufrimiento humano de hoy.

El Cristo crucificado es el símbolo del miedo desenfrenado, así como del sufrimiento que provoca. Sea cual sea la forma que adopte, la crucifixión siempre es un ejemplo de la conciencia del miedo empeñada en borrar la conciencia del amor. En su momento, la crucifixión fue una señal de que, en apariencia, el miedo había vencido.

Pero solo en apariencia. Pues el triunfo del ego fue temporal. Tres días después de la muerte de Jesús en la cruz, las mujeres que fueron a retirar su cuerpo descubrieron que ya no estaba allí. Al llegar a la tumba vieron a un ángel, que les dijo: «Jesucristo ha resucitado». Su ser se había transformado.

Los tres días transcurridos entre la crucifixión y la resurrección son psicológicamente relevantes. Simbolizan el período que hace falta para transformar un patrón de miedo en un patrón de amor. Es el tiempo que tarda el perdón en transformar nuestra consciencia y reorganizar nuestras circunstancias. La mentalidad que adoptemos durante la crucifixión determinará nuestra capacidad para hacer de la resurrección una realidad.

Si Jesucristo hubiera cerrado el corazón y hubiese perdido la fe, la resurrección no habría tenido lugar. Depositó su mente en las manos de Dios de manera tan plena que le fue otorgado todo el poder del Señor. Es posible que dudara, pero no flaqueó.

¿Qué significa flaquear? Significa ceder al odio, a la rabia, al resentimiento, a la victimización o a cualquier otra reacción de un corazón cerrado ante las crucifixiones que experimentamos en la vida. El desamor desvía el milagro mediante el cual, en caso contrario, el universo se autorrepararía. Por más que esos sentimientos sean totalmente válidos, aun entre lágrimas podemos decir: «Estoy dispuesto a ver esto desde otra perspectiva».

Saber que «nada real está amenazado» y que «no existe nada irreal» expulsa la oscuridad de nuestra mente. No hace falta esperar a las tinieblas para acoger ese pensamiento: cuando lo albergamos, su alquimia empieza a transformar nuestros sentimientos. Algo que no es real puede existir en el mundo tridimensional, pero carece de realidad última. Según acogemos el conocimiento de lo que es Real, lo irreal pierde poder sobre nosotros.

Durante ese tiempo de transformación, es lógico que estemos afligidos por las circunstancias que nos hacen daño. Pero conocer el significado profundo de ese período nos otorga el poder de acelerar el proceso. Nos otorga fe. Nos da la capacidad de vislumbrar la victoria que todavía no atisbamos. Nos proporciona la fuerza necesaria para resistir, para saber que «esto también pasará».

Sin embargo, nada de eso es fácil y a veces resulta muy complicado.

Quejarse no cuesta mucho, pero hace falta mucho trabajo para atravesar el fuego y aferrarse a la fe. Tener fe en algo invisible es como volar guiándose por los instrumentos: el piloto sabe que el horizonte está ahí, pero no alcanza a verlo a través de las nubes. La fe implica comprender que, por más lágrimas que estemos derramando ahora, nos encontramos en el proceso de despertar que nos conducirá a un espacio de paz. No lo vemos cuando nuestros ojos espirituales todavía no se han abierto. Jesús nos prestará los suyos, si se lo pedimos.

Mientras tanto, no nos privemos del derecho a llorar. Las lágrimas forman parte del proceso de sanación. Las mujeres lloran a los pies de Jesucristo en la cruz y nosotros también.

El tiempo en el sepulcro, como lo llama mi amiga Sandhi, es sagrado a su manera. En esos períodos es importante rodearse de personas que empaticen con nuestro sufrimiento y que, al mismo tiempo, se nieguen a participar de una interpretación de los acontecimientos que contribuiría a prolongarlo. Ese es el sentido de la canción de Simon & Garfunkel: «Hola, oscuridad, mi vieja amiga, he venido a charlar contigo una vez más». El ratito en el sepulcro a menudo es un período de profunda tristeza —por un divorcio, el diagnóstico de una enfermedad, la pérdida de un ser querido, etc.— y no debemos tener prisa. Cuando se nos rompe el corazón, toca estar desconsolado.

En cierto sentido, teniendo en cuenta el estado del mundo actual, el desconsuelo —compartir el sentimiento que inspira el «llanto de Jesús» como reacción al sufrimiento del mundo—

es no solo legítimo, sino sano. Se trata de una respuesta funcional, no disfuncional, al dolor de nuestros tiempos. Lo que es patológico, en todo caso, es negar hasta qué punto se ha desviado el curso de la humanidad: tratar de erradicar el dolor e incluso definir nuestro desconsuelo como un «síndrome». Ahora mismo, nada le sentaría mejor a la humanidad que un buen llanto colectivo. Eso es el Viernes Santo, en cierto sentido. O eso debería ser.

Atravesar un período de dolor, incluso extremo, y permitir la clara presencia de Jesús en tu mente mientras sucede apela a la resurrección en tu vida como en la suya. Él tomará el mando místicamente durante los momentos de angustia. Él compartirá contigo su resurrección.

Aferrarse al amor mientras soportamos una crucifixión —estar dispuestos a perdonar, mantener una actitud de servicio, tener fe en los milagros— conduce a la salvación y al renacimiento. Ya no serás la misma persona que eras, pues el dolor te habrá transformado e iluminado. El cuerpo emocional de tu yo quebrado desaparecerá igual que el cuerpo físico de Jesucristo. El descubrimiento de que el cuerpo de Jesucristo ya no estaba en la tumba representa que la antigua personalidad, derrotada, ha dejado de existir. Tu personalidad se transformará. Te convertirás en una persona nueva. Ya no serás quien eras. Te habrás convertido en alguien nuevo.

Él resucitó y tú también lo harás.

*

Pascua de Resurrección

La Navidad y la Pascua de Resurrección son una especie de sujetalibros existenciales que mantienen íntegra la psique. No se refieren solo a acontecimientos del pasado, sino también al sentido de cada instante. Podemos alumbrar a Jesucristo en cada momento a través de la expresión de nuestro amor, y de igual modo podemos vencer las tinieblas de este mundo en cualquier situación. Jesús es el Alfa y el Omega, porque su mente es el principio y el final de todo.

La Pascua es la buena noticia, porque constituye el triunfo definitivo del espíritu sobre la materia. El sentido de la crucifixión no fue perpetuar el sufrimiento: fue ponerle fin. Jesucristo no te invita a llevar su cruz, sino a dejarla atrás.

No se nos pide que hagamos caso omiso de nuestros problemas. Deberíamos prestar atención a nuestras crucifixiones, pero no obsesionarnos con ellas. Si nos limitamos a echar en saco roto un apuro, no entramos en un estado de trascendencia, sino de negación. Ahora bien, si nos centramos demasiado en un problema, incrementamos su poder sobre nosotros. El arte de vivir radica en aceptar la existencia de la crucifixión (el ego, el miedo, la destrucción que acarrea) al tiempo que negamos su poder sobre nosotros. En eso consiste la resurrección: no solo en la dulzura del amor, sino también en su poder.

Todos poseemos el poder de la resurrección: el problema no es la debilidad de nuestro poder, sino la debilidad de nuestra fe. A menudo tenemos más fe en la importancia de un problema que en la capacidad de Dios para resolverlo. Por eso, la fe es importante: es el poder de la mente. Y los milagros surgen de la convicción. La convicción es una energía multiplicadora. Aferrarse a la convicción de que el poder del amor es mayor que el poder del miedo crea un portal por el que fluyen los milagros.

Jesucristo no dijo que hubiera arreglado el mundo: dijo que lo había superado. Su conciencia se elevó por encima del apego a este plano y, por consiguiente, la crueldad del mundo no podía destruirle. Ante la oscuridad, decimos: «Sí, te veo, pero niego que tengas poder para derrotarme. Reclamo el poder de la trascendencia. Jesucristo te arrebató tu fuerza, así que no tienes poder sobre mí».

Como todas las mentes están unidas, cuando una consigue avanzar, su avance se convierte en una opción al alcance de todos. Puesto que Jesús rompió el maleficio del ego, ahora está roto para quien escoja dejarse guiar por Él.

El ego es, literalmente, un pensamiento equivocado. Su mayor falacia es la idea de que nuestras vidas se limitan al mundo material. Es el espejismo de que somos seres temporales, cuando en realidad la vida del espíritu es eterna. Superar esa ilusión es el milagro que nos liberará.

De hecho, el cuerpo se parece a un traje. «El nacimiento físico no es un comienzo; es una continuación»* (T., cap. 5, IV). Y la muerte física no es un final: también es una continuación.

La muerte, según el ego, es la prueba de que estamos atados a un cuerpo material, destinados a sufrir y condenados a morir. Pero si la muerte no significa el final de la vida, cualquier creencia que nos limita deja de tener sentido. Nos liberamos de la idea de que somos entes separados y nos liberamos de la convicción de que estamos encadenados a los confines del plano mortal. La mentalidad egoica se encuentra atrapada en los espejismos del mundo material de maneras que la mentalidad mística trasciende.

Una interpretación mística de la Pascua de Resurrección está en las antípodas de una imagen de esperanza simplista y meramente simbólica ante el porvenir. Describe una realidad mucho más avanzada de lo que nuestras mentes son capaces de discernir. En cuanto a potencial realizado, Jesucristo nos lleva la delantera. Nos muestra lo que es posible. Nos muestra adónde podemos llegar.

No hay motivo para imitar su sufrimiento cuando podemos celebrar y compartir su resurrección. A fin de cuentas, él no vino a la Tierra para traer malas noticias. No pretende que nos sometamos al sufrimiento que él vino a erradicar. Quiere que seamos el reflejo de su enseñanza, según la cual hay una manera mejor de estar en el mundo.

Siendo el ejemplo viviente de lo que hace Jesús a través de nosotros, demostramos lo que hizo por nosotros. Enseñamos milagros obrando milagros, superando a nuestro modo las heridas que nos afligen, las fuerzas que nos limitan y los miedos que nos paralizan. Cada vez que nos elevamos por encima de nuestras propias crucifixiones, él vuelve a vencer.

Violencia contra Dios

La crucifixión es la violencia del ego contra Dios, contra el amor y contra uno mismo. Adopta muchas formas, a menudo sutiles y difíciles de descifrar. Según una frase que se emplea en Alcohólicos Anónimos, es «astuto y liante». Es tu propia mente trabajando contra ti.

Todos sabemos que el robo, la violencia, el asesinato y otros crímenes atentan contra el bien. Lo que no siempre comprendemos es que los comentarios sarcásticos, el escarnio, la falta de respeto deliberada, la arrogancia, la hipocresía, el egoísmo y la condescendencia son el caldo de cultivo de esos males. El hecho de que la gran mayoría de la gente sea incapaz de robar, comportarse de manera violenta o asesinar no basta para crear un mundo en el que esos crímenes no existan. La única manera de vencer al mal es detenerlo en su origen. Las esferas invisibles del mundo están inundadas de los orígenes de las cosas más horribles que podamos imaginar.

Vivimos una época en la que los hechos más espantosos se han convertido en el pan de cada día. Parecen incidentes aislados e independientes, sin relación entre ellos, y puede que lo sean en el plano material. Pero si rastreamos su origen descubrimos que se remontan a cuestiones colectivas subyacentes. La crueldad que se ejerce contra un niño puede hacer que acabe siendo un adulto cruel. Un niño traumatizado puede convertirse en un adulto traumatizado. «Los crucificados infligen dolor porque están llenos de dolor»* (T., cap. 10, IV).

Como todas las mentes están unidas, cada uno de nosotros

tiene en cada instante la oportunidad de purificar esas esferas invisibles. Nosotros, en nuestra vida diaria, podemos reclamar el poder de la resurrección, que contribuye a elevar el mundo a un plano superior. Ninguna contribución es grande o pequeña cuando se trata de purificar el colectivo. Lo macro es tan importante como lo micro: espiritualmente son iguales. Los milagros no se pueden cuantificar, puesto que proceden de un reino que trasciende el espacio y el tiempo. Por consiguiente, influyen en situaciones de las que ni siquiera somos conscientes* (T., cap. 1, I). Cuando perdonas a alguien en cierta parte del mundo, podrías estar ejerciendo influencia en una situación que se desarrolla a miles de kilómetros de distancia.

Cuanto más nos acercamos a Dios, más nos acercamos a nuestro deseo natural de contribuir a la sanación de los demás. Ningún camino espiritual comprometido le otorga a nadie el derecho de ignorar el sufrimiento de otros seres sensibles. No decimos: «Bueno, el mundo está fatal, pero yo me dedicaré a sanar mi pequeña vida y con eso tengo bastante». Todos somos responsables de todos, pues somos uno y el mismo.

La crucifixión se refiere tanto al sufrimiento de la humanidad actual como a los padecimientos de Jesús en la cruz hace dos mil años. Jesucristo no resucitó únicamente por ti o por mí: resucitó por el mundo.

El Cristo que hay en ti no puede ser crucificado

Puesto que solo el amor es real y no existe nada más, tu yo real no puede ser crucificado. El Cristo que hay en ti es invulnerable a las maquinaciones del ego, propio o ajeno. El amor perfecto es inexpugnable.

El cuerpo se puede destruir, pero no el espíritu. Es posible hacer daño al ego, pero nada puede tocar al espíritu. Por eso, la clave de nuestra experiencia vital es tener claro lo que somos.

Hace muchos años fui a ver una obra de teatro en la que la autora y única actriz hizo un comentario grosero sobre mí durante la representación. Me quedé de piedra, no me lo esperaba. De hecho, había asistido a la obra con la idea de apoyarla. El comentario me hirió y me sentí humillada públicamente.

Mientras salía del teatro, la amiga que me acompañaba me dijo: «Por favor, llámame esta semana si necesitas hablar de esto. Me imagino que estarás muy dolida». Lo hice al cabo de unos días y fue importante para mí no reprimir lo que sentía, pero en ese momento, cuando me disponía a darle las gracias a mi amiga, una cita de *Un Curso de Milagros* asomó con suma claridad a mi mente: «No es Cristo quien puede ser crucificado»[*] (L.E., Lec. 303).

«Sí, Marianne —me dije—, tu personalidad humana puede subirse por las paredes por esa ofensa y puedes hablar sobre ello hasta la saciedad. Caray, hasta puedes publicarlo en internet, si quieres. Pero a tu espíritu le trae sin cuidado, pues a tu espíritu no le afecta el desamor». Podía seguir arrastrando esa ofensa o podía elevarme por encima de lo sucedido de inmediato. Podía optar por la victimización o por la victoria. Debía elegir entre identificarme con el ser o con el ego.

Recordando que no se puede crucificar al espíritu, comprendí que tenía la opción de atravesar mis sentimientos heridos para dejarlos atrás. Ya sabía que no es lo mismo aceptar los sentimientos que instalarse en ellos, así que le entregué la experiencia a Dios, incluidos mi dolor y mi sentimiento de humillación.

Volví a entrar en el teatro para ir al servicio antes de que nos marcháramos y en el vestíbulo me encontré con una mujer a la que llevaba un tiempo sin ver.

—¡Hola! —le dije—. ¡Me alegro de verte!

—¡Lo mismo digo! —me respondió—. Soy la productora de la obra. ¿Te ha gustado?

—Bueno, la verdad es que no —reconocí—. Lo que ha dicho sobre mí ha herido mis sentimientos...

No lo dije en tono agresivo. Estaba respondiendo a la pregunta con sinceridad.

—No te lo reprocho —me dijo—. Le pedí que lo quitara. Lo siento.

Le agradecí su comprensión y le pregunté qué creía ella que debería hacer. Me respondió que, en su opinión, debía enviarle un correo electrónico a la autora y actriz de la obra. Arrastré la herida un tiempo, pero seguí rezando y pidiéndole a Dios que me ayudara a contemplar el incidente desde una perspectiva distinta. Pasados un par de días, tuve fuerzas para escribir el correo electrónico.

Todos nuestros actos están impregnados de la conciencia con la cual los llevamos a cabo, y yo sabía que, si me comunicaba desde mi herida, no haría nada más que empeorarla. Si me comunicaba como una víctima, reforzaría mi victimización. «La única responsabilidad del obrador de milagros es aceptar la expiación para sí mismo»* (T., cap. 2, V). Nuestro trabajo principal en cualquier situación es corregir la propia percepción.

Convertir a Dios en nuestra relación principal nos devuelve al camino correcto: solo entonces podemos sanar las relaciones con los demás. Yo no escribía un e-mail para darle una lección a la autora, sino para profundizar en la mía. Al redactarlo, fui muy cuidadosa para no caer en culpabilizaciones o ataques. Simplemente le dije que me sentía herida y que el menosprecio me había parecido gratuito e innecesario. Fue la clásica situación en la que le leí el texto a un amigo, borrador tras borrador, hasta que me dijo: «Sí, ahora está perfecto. Sin malos rollos. Envíalo».

Linda me respondió amablemente y se disculpó, algo que dudo que hubiera hecho si yo hubiera optado por atacarla. Aún más importante: cambió el guion. Esa situación supuso un milagro en mi vida: un milagro pequeño, quizá, y muy personal, pero cuando vemos esos principios en acción, aprendemos a aplicarlos de manera universal.

Todos nos sentimos heridos de vez en cuando y no debemos reprimir nuestros sentimientos ni restarles importancia. Pero tampoco debemos darles más importancia de la que tienen. La manera de actuar del que obra milagros es poner el sentimiento en manos de Dios. Cuando lo hacemos, la alquimia espiritual nos eleva por encima de las emociones inferiores que perpetuarían el ciclo del dolor.

A menudo nos sentimos heridos por algo que nos hizo alguien mientras tenía cerrado el corazón. Pero lo que ha pasado en realidad es que, al cerrar el otro el corazón, sentimos la tentación de cerrarle el nuestro. Y eso es lo que duele. Vi una entrevista a un monje tibetano que había sido encarcelado y torturado por agentes del gobierno chino. Cuando le preguntaron cuál había sido su mayor temor en aquella situación, dijo que lo que más temía era ceder a la tentación de odiar a las personas que le estaban torturando. La base de la redención es negarse a cerrarle el corazón a nadie, por más que el otro nos haya cerrado el suyo. No importa lo que decidan hacer los demás, nuestro poder estriba en elegir cómo interpretamos lo que hacen. Cuando consideramos el desamor como una petición de amor, crecemos.

La conciencia de una mente entregada a Dios, aunque solo sea un instante, tiene la capacidad de obrar milagros. Jesús no expresó odio hacia sus acusadores ni culpó a las personas que tenía alrededor. Amaba incluso a quienes le odiaban. Su mente estaba tan compenetrada con el espíritu incondicionalmente amoroso de Dios que le fue otorgado todo el poder del Señor.

No tenemos que ser maestros espirituales para reducir el poder del ego en nuestras vidas. Cada uno de nosotros es responsable de sus pensamientos. Si solo me identifico con mi cuerpo, me identifico con mi debilidad e interpretaré el mundo de un modo que reforzará esa debilidad. Si me identifico con el espíritu, me identifico con mi fuerza e interpretaré el mundo de un modo que reforzará mi poder.

Esa fue una de tantas veces en mi vida en las que me ha venido bien pensar: «Venga, Marianne, no es para tanto. Las cosas te irán mucho mejor si lo superas».

Enfermedad

El Cristo que hay en ti no es un cuerpo. El cuerpo, cuando lo percibimos de la manera adecuada, es un traje. El espíritu es eterno, mientras que el cuerpo es polvo y en polvo se convertirá.

Una identificación excesiva con el cuerpo ejerce una presión sobre este que no debería soportar. La forma más poderosa de contemplar el cuerpo es aquella por la que comprendemos que no constituye la realidad última de lo que somos.

Entender la verdadera relación entre el cuerpo y la mente constituye un aspecto clave de la evolución espiritual del planeta. El cuerpo debería estar al servicio de la mente, no a la inversa. Cuando la relación entre ambos es la adecuada, el espíritu anima al cuerpo y potencia el buen funcionamiento del sistema inmune. El espíritu es literalmente nuestra fuerza vital.

Jesús es como un nivel de los que usan los carpinteros: alinea nuestras percepciones de tal modo que potencien nuestras decisiones más elevadas durante nuestro paso por la Tierra. El Espíritu Santo accede a la materia a través de nuestra receptividad, mediante la medicina y otras modalidades físicas que potencian la salud.

La enfermedad es una de las crucifixiones más dolorosas que podemos experimentar como seres humanos. La oración y la meditación constituyen poderosas herramientas para prevenir la enfermedad, así como para aminorar sus efectos, porque elevan la mente por encima del cuerpo. El cuerpo se cura mejor cuando no estamos mirando, dice *Un Curso de Milagros*. Cuando la mente asciende a un reino situado por encima del cuerpo, el organismo tiene más posibilidades de relajarse y recuperarse. Deberíamos tratar el cuerpo con enorme gratitud y respeto, pues se trata de un regalo material de valor incalculable. Pero no somos nuestro cuerpo.

MEDITACIÓN PARA EL BIENESTAR FÍSICO

Cierra los ojos y visualízate tendido/a en una losa de mármol blanco, delante de Jesús.

Imagina que coloca las manos sobre ti.

Observa la luz que proyectan sus manos y que se vierte sobre ti. Imagina que esa luz cubre tu cuerpo y penetra en él.

Imagina que la refulgencia y su poder se concentran en una lesión o zona enferma de tu cuerpo.

Deja que la luz de sus manos impregne tu sangre y repare todas las células, los órganos, los músculos y los huesos.

Sigue relajándote, respirando profundamente, y entrégale tu cuerpo al Espíritu Santo. Pídele que emplee tus manos, tus pies, cada uno de los elementos de tu yo físico para que puedas contribuir a la sanación del mundo.

Prolonga esta meditación durante un mínimo de dos minutos, pero alárgala a cinco si es posible.

Si la llevas a cabo a diario, esta meditación te hará un enorme bien.

Muerte

Tengo una amiga que vivió una experiencia cercana a la muerte provocada por un choque anafiláctico. Durante el incidente, vio su cuerpo desde arriba y oyó al médico decir: «La hemos perdido».

En el reino al que se desplazó durante esa experiencia, vio con absoluta claridad que su cuerpo no era su verdadero yo. Otros han relatado vivencias cercanas a la muerte parecidas y casi siempre cuentan que han perdido el miedo a morir porque saben que la muerte no es el fin.

La vida en el cuerpo es preciosa y nada en las enseñanzas del *Curso* minimiza su magnificencia. El cuerpo físico ofrece una hermosa lección de comunión. El mensaje que transmite el *Curso* no es que el cuerpo sea malo, sino que, en cierto sentido, no es nada. Nuestras tribulaciones se deben al apego y a la excesiva identificación con la vida corporal. De hecho, la experiencia en este mundo empieza a ser más poderosa, significativa y dichosa cuando comprendemos que no somos nuestro cuerpo.

Mientras escribo estas líneas me acerco a los setenta años, tan perpleja como debe de sentirse cualquiera ante este hito en particular. Todos albergamos la esperanza secreta de que, de algún modo, la edad no nos afecte. Recuerdo que cuando tenía alrededor de veinticinco años empecé a percatarme en serio, por primera vez, de que sí, yo también moriría algún día.

Carl Jung decía que la incapacidad de abordar el tema de la muerte priva de sentido a la segunda mitad de la vida. Entiendo a qué se refería. Me choca la gente que tiene prejuicios para hablar de la muerte según envejece, como si por el hecho de ignorarla fuera a desaparecer por arte de magia. No concibo cómo es posible que alguien afronte el caos del mundo actual sin una conexión espiritual. Desde luego no alcanzo a comprender cómo hay gente que afronta la muerte sin ella.

Partiendo de la base de que el espíritu es eterno, la muerte se parece a despojarse de un traje. Si sabemos que existe una verdad más auténtica que aquella que percibimos con los sentidos físicos, la idea de dejar de percibir con esos sentidos deja de ser un pensamiento tan aterrador. El mensaje de Jesús es que, en realidad, la muerte no existe.

Muchos de mis seres queridos ya han cruzado el velo de la muerte. Ahora parecen estar al otro lado contemplando mi alma mientras yo contemplo la suya. Y habiendo acompañado a numerosas personas en su último aliento, tanto personal como profesionalmente, he visto el poder de la vida superar el poder de la muerte, tan grande era el amor que estaba presente.

Según *Un Curso de Milagros*, algún día la muerte no se contemplará como un castigo, sino como una recompensa por una vida bien vivida. La luz que todos proyectamos será tan intensa que el propio cuerpo se nos antojará una mera sombra, y la desaparición de la sombra no implicará nada más que el cese de la creencia en los límites. Decir que la muerte será el último enemigo significa que algún día dejaremos de verla como un enemigo, pues lo cierto es que ni siquiera existe.

La única muerte real es la muerte del amor, y la vencemos siempre que escogemos el amor en lugar del miedo. Jesús ha demostrado que la muerte no existe, y en cualquier momento, cuando nos elevamos como Él se elevó, compartimos su resurrección y ampliamos su bendición sobre el mundo.

MEDITACIÓN SOBRE LA MUERTE

Querido Dios:
Te entregamos el alma de nuestro/a amado/a ______.
Que su alma sea suavemente transportada al reino celestial.
Que aquellos que nos quedamos aquí
hallemos consuelo a nuestra pena.
Vemos un cordón dorado que une el corazón
de quien ha partido con el corazón
de quienes le amamos aquí en la Tierra.
Vemos a Jesús posar sus manos sobre ese cordón,
y así contemplamos la naturaleza eterna de la vida y el amor.
Pues aquello que Dios ha unido, nada,
ni siquiera la propia muerte,
puede separarlo.
Que así sea.
Gloria a Dios.
Amén.

El mundo crucificado

Vivimos en un mundo crucificado. La humanidad pende en una cruz que nosotros mismos hemos construido. El planeta se tambalea al borde de la destrucción por culpa de nuestro apego al espejismo de la separación, de la prisión mental que crean los pensamientos basados en el miedo y de nuestros constantes ataques a nosotros mismos y a los demás.

El mensaje de la crucifixión es que podemos evitarla. Los niños no tienen por qué suicidarse en un intento de escapar del dolor de la adolescencia; las personas no tienen por qué ahogarse en drogas y alcohol para evitar el dolor de sobrevivir; los países no tienen por qué gastar más en maneras de aniquilarse mutuamente que en maneras de sanarse unos a otros; y la salud del planeta no tiene por qué decaer a marchas forzadas por culpa de nuestra codicia y explotación. No hay necesidad de nada de eso.

Es nuestra mentalidad —la forma de mirar el mundo, nuestro sistema de pensamiento— la que ha creado el infierno en el que estamos sumidos y que tanto amenaza nuestro futuro. Sin embargo, para que el mundo cambie, debemos estar dispuestos a cambiar nosotros. Debemos estar dispuestos a depositarlo todo en el altar: hemos de someter a revisión todo lo que somos, todo lo que tenemos y todo lo que hacemos. No podemos traer la luz a la oscuridad: debemos llevar nuestras tinieblas a la luz.

Si nosotros seguimos haciendo lo mismo, el mundo también seguirá igual. Y el mundo ha tomado un rumbo que no genera esperanza. La esperanza nace de soluciones esperanzadoras, y la única solución esperanzadora ahora mismo es que estemos dispuestos a amarnos como Dios nos ama.

Cuando lo hagamos, un campo de posibilidades se abrirá ante nosotros. Un campo de alcance milagroso, sin parangón, que reunirá todos los anhelos y todos los sueños de un mundo que ahora parece sentenciado.

CAPÍTULO 5

Resurrección

*La resurrección, dicho llanamente, es la superación de la muerte o el triunfo sobre ella. Es un redespertar o renacimiento: un cambio de parecer con respecto al significado del mundo. Es la aceptación de la interpretación del Espíritu Santo con respecto al propósito del mundo; la aceptación de la expiación para uno mismo. Es el fin de los sueños de aflicción y la jubilosa conciencia del sueño final del Espíritu Santo. Es el reconocimiento de los dones de Dios. Es el sueño en el que el cuerpo opera perfectamente al no tener otra función que la de ser un medio de comunicación. Es la lección con la que concluye el aprendizaje, pues con ella se consuma y se supera. Es la invitación a Dios para que dé el paso final. Es el abandono de cualquier otro propósito, cualquier otro interés, cualquier otro deseo o cualquier otro empeño. Es el deseo único que el Hijo tiene por su Padre.** (M.M. 28).

En esta fase de transición, toda una era de la historia humana está llegando a su fin. Depende únicamente de nosotros lo que venga a remplazar a este período. Podría ser un futuro muy oscuro o muy luminoso. Las capas de miedo acumuladas, relacionadas con la política, la economía y la sociedad, han alcanzado tales extremos que nos destruirán si no intervenimos en nuestro favor.

Si bien el libre albedrío siempre está operativo, existe un límite más allá del cual nuestras actitudes y conductas basadas en una mentalidad errada sencillamente dejan de ser viables. Hoy estamos llamados tanto a acompañar la muerte de un mundo que ya no funciona, como a asistir al nacimiento de uno nuevo que lucha por emerger. Solo un cambio radical en nuestros patrones colectivos puede conducir a un futuro sostenible.

Hoy en día se diagnostica a muchas personas con trastornos de ansiedad, pero no se trata únicamente de un diagnóstico individual: es el estado actual del mundo. Verlo solo como un problema individual nos distrae del problema más profundo: el sufrimiento espiritual no solo del individuo, sino de toda la sociedad.

Todas las personas estamos influidas por la mentalidad basada en el miedo que impera en el mundo. Pero vernos como víctimas de ella no hace más que perpetuar la locura. El mundo está saturado por la mentalidad maligna del ego y, sin el antídoto de la comprensión espiritual, esta se infiltra fácilmente en nuestra psique.

Nada nuevo bajo el sol. Ya conocemos la opinión del ego, ahora ha llegado el momento de que el ego nos escuche a nosotros. La crucifixión alude a nuestra locura y la resurrección implica la vuelta a la cordura. Supone un cambio tan enorme en el corazón de la sociedad que el propio mundo se transformará.

El mundo en el que vivimos sufre un trastorno de ansiedad precisamente porque no se guía por el amor. El corazón no es el principio organizador de nuestra civilización. El sistema de pensamiento del ego tiene permiso para atropellar al corazón humano. Es un generador constante de miedo y ansiedad, y la única solución al problema es el desmantelamiento de la mente egoica. Jesús constituye el ejemplo de una mente guiada por el amor y también el guía que nos conduce hacia ella, capaz de enviar los pensamientos del ego a la nada de la que proceden.

En mis conferencias, he preguntado a concurrencias de todo el país si alguno de los presentes había dicho alguna vez, o había oído decir a una persona joven, que en otras circunstancias se plantearía tener hijos, pero que el estado del mundo actual le quitaba las ganas. En todos los casos, una cantidad importante de personas ha levantado la mano. Eso no debería considerarse normal. Teniendo en cuenta lo mal que funciona el mundo que hemos creado, quizá deberíamos plantearnos si Dios tiene un camino mejor.

Millones de personas, puede que más, guardan las distancias con Jesús por culpa de los constructos religiosos tradicionales que se han erigido en torno a él. Pero a medida que evolucionamos a pasos agigantados hacia una imagen iluminada del mundo, empezamos a mirarlo con nuevos ojos. Su resurrección no solo es un dogma teológico: es la activación de una nueva vida dentro de nosotros.

Cuando no está en armonía con Dios, la mente es la causa de todo sufrimiento; si se compenetra con él, todo padecimiento cesa. Jesús es el portal a un campo cuántico de amor y poder indescriptibles. Ahora bien, ese portal no sirve de nada si no lo cruzamos. Una persona que obra milagros aspira a acercarse a la conciencia de Dios tanto como para convertirse en un maestro, y no en un esclavo, del mundo mortal.

Mira a los ojos a Jesús para que te muestre otro mundo.

La alquimia de la Pascua de Resurrección

*Tal es tu resurrección, pues tu vida no forma parte de nada de lo que ves. Tu vida está más allá del cuerpo y del mundo, más allá de todos los testigos de lo profano, está dentro de lo Santo, y es tan santa como Ello Mismo.** (L.E., Lec. 151).

La Pascua de Resurrección representa cualquier momento en que el amor y el perdón superan las fuerzas del miedo en el mundo.

En la actualidad hay una intensificación evidente tanto de la luz como de la oscuridad en el planeta: de las fuerzas de destrucción planetaria y de las fuerzas de iluminación global. El problema de cómo romper la cadena de las tinieblas es hoy más relevante que nunca. La degradación medioambiental, el autoritarismo creciente y las guerras sin fin son el material del que está hecha nuestra crucifixión colectiva. Reina un ambiente tan tóxico que nuestras mentes, nuestros cuerpos y toda la civilización resienten ese malestar. Incluso las personas creyentes, aquellas comprometidas con una práctica espiritual sincera, tienen que esforzarse más que nunca para no dejarse invadir por la desesperación.

La humanidad no puede poner freno a la locura, porque la humanidad es la locura. Lo que necesita ahora el planeta es una resurrección colectiva, una intercesión divina por parte de un sistema de pensamiento que trascienda el nuestro.

Así pues, ¿qué pasará ahora? ¿Quién ganará la lucha por el futuro? ¿La oscuridad y el miedo, o la luz y el amor? Si nos limitamos a rendirnos y renunciar, sin duda ganará la oscuridad. Pero incluso si luchamos contra ella desde el miedo, también puede ganar, porque entonces seguimos atrapados en su guerra. ¿Hay otra opción?

Curiosamente, sí. La alternativa es la resurrección, la evolución de la especie humana.

Esto no trata solo de Jesús: trata de nosotros. La resurrección que tuvo lugar hace dos mil años fue la trascendencia de un hombre; la resurrección actual es la trascendencia de cada uno de nosotros y de toda la especie. Nosotros tenemos que ser el cambio, y esa es la resurrección. Dios no puede hacer por nosotros lo que no puede hacer a través de nosotros. Si queremos conseguir el milagro de la transformación planetaria, debemos estar dispuestos a renacer en una versión superior de nosotros mismos. Ahora mismo el mundo es el reflejo de lo que hemos sido; el mundo del futuro reflejará aquello en lo que decidamos convertirnos. Podemos alcanzar la trascendencia, pero no lo conseguiremos si nos aferramos a la cruz.

Podemos seguir instalados en nuestro apego al pasado, a las adicciones, a las críticas, a la victimización, a la conducta violenta... Podemos aferrarnos a eso o crear un futuro sostenible. Solo si trabajamos para arrancar la oscuridad de nuestros corazones nos convertiremos en los canales de un cambio milagroso.

La resurrección es la revelación de la huella eterna de Dios en cada instante, en cada vida. Es la posibilidad de luz que existe hasta en la más profunda oscuridad. Es la razón para albergar esperanza cuando toda esperanza parece perdida. Es la posibilidad de un nuevo comienzo que parece imposible cuando todo se ha torcido. En teoría, la resurrección no requiere que reconozcamos su existencia. Pero, en la práctica, sí exige la voluntad de estar plenamente implicados en los asuntos humanos. Según *Un Curso de Milagros*, la salvación comienza cuando admitimos la posibilidad de que podría haber un camino mejor. Eso abre la mente a la iluminación divina, a un nuevo tipo de experiencia que cada vez nos sentimos menos propensos a negar.

En Pascua, celebramos nuestra capacidad de superar la conciencia de la oscuridad, la ignorancia y la muerte. Algo empieza a cambiar dentro de nosotros: al estar abiertos a los significados más profundos de la resurrección, se abren puertas en el corazón. Jesús murió y luego resucitó. Ahora nos toca a nosotros.

También nosotros podemos experimentar una transformación radical. El yo crucificado puede ser transmutado y transformado en luz. En la actualidad, cada uno de nosotros puede redescubrir en su sentido más profundo el significado de aleluya y las razones para alabar a Dios.

Como sugiere el *Curso*, «no pasemos esta Semana Santa lamentando la crucifixión del Hijo de Dios, sino celebrando jubilosamente su liberación. Pues la Pascua de Resurrección es el signo de la paz, no del dolor»* (T., cap. 20, I).

La resurrección describe cómo funciona el universo, cómo se autocorrige, cómo la vida se reafirma aunque las fuerzas de la muerte y las tinieblas hayan vencido temporalmente. Igual que una minúscula flor que crece en las grietas del cemento, la paz mental puede emerger por fin tras períodos de dolor que han causado estragos en el corazón, y las personas se pueden enamorar a pesar de haber experimentado crueles desengaños. El amor reaparece una y otra vez incluso después de los acontecimientos más demoledores. Acoger la resurrección implica reconocer la verdad: a través de la resurrección, el universo garantiza que Dios siempre tendrá la última palabra.

Por eso nos aferramos a Dios: porque queremos transformar nuestras circunstancias y vencer en nuestras propias vidas. La transformación espiritual nos afecta física, emocional y psicológicamente, porque reencauza nuestra relación con el universo. Reorienta el sentido del yo, así como las relaciones con los demás. El viaje espiritual no nos distrae en absoluto de las realidades prácticas de la vida. Por el contrario, al entender el sentido subyacente de nuestro viaje existencial, adquirimos poder para dirigir y redirigir su curso. Saber que no pertenecemos a este mundo nos otorga más poder para operar en él.

El Mesías es un estado mental, el amor incondicional que canaliza nuestra iluminación. La clave no es qué debemos hacer, la clave radica en las cualidades humanas que debemos encarnar para hacer lo que se nos pide que hagamos. Y se nos pide ahora, a cada uno de nosotros. En todas y cada una de las vidas hay circunstancias que nos desafían a renunciar a la parte más débil de nosotros mismos para renacer más fuertes. El mundo nos inflige heridas a todos, y podemos escoger entre actuar o no desde esa herida. Si lo hacemos, perpetuamos un mundo herido. Si elegimos trascender la herida, creamos un mundo renacido.

Jesucristo no representó un espectáculo macabro para que el mundo lo presenciase: estaba cambiando la estructura molecular del universo. Abrió posibilidades de cambio no solo para sí mismo, sino también para este mundo. Incluso aquellos que no se identifican con el relato como cristianos se pueden identificar con el poder metafísico de la resurrección y su efecto transformador en nuestras vidas. Cualquier persona que se libre del yugo de la oscuridad está allanando el terreno para que todos los demás hagan lo propio.

Y entonces brilla la Luz.

La conmemoración

La resurrección es la conmemoración de nuestra verdadera naturaleza.

Mientras que la mentalidad egoica nos ha enseñado a pensar que somos seres limitados, temporales y vulnerables que habitan un mundo de carestías, en pugna con casi todos y todo, Jesús, en su dimensión mística, nos enseña que nada de eso es verdad. Somos y siempre hemos sido aquello para lo que Dios nos creó, al margen de lo que sugiera el mundo material. Ninguna ilusión de culpabilidad, ningún reproche por parte del mundo, ningún error que hayamos cometido y ninguna de las mentiras de este plano terrenal podrá cambiar ni anular la verdad tal como Dios la creó.

Sea cual sea nuestro sufrimiento y venga de donde venga, la liberación del dolor siempre surgirá de una reinterpretación de la realidad. Jesús nos transporta al otro lado del sufrimiento emocional al mostrarnos lo que hay más allá de nuestras fallas mentales. Es un error de percepción pensar que algo tiene más poder que Dios. Nos pueden herir, engañar y ofender, incluso asesinar, pero las maquinaciones del ego, sean propias o ajenas, no pueden dañar la profunda verdad de lo que somos. La verdad de Dios es la única verdad. Nuestro verdadero yo no puede sufrir daños y no puede morir. Siempre y cuando nuestros corazones estén abiertos al amor —siempre y cuando recordemos que somos uno con Dios—, seremos milagrosamente rescatados de los estragos de nuestras crucifixiones, igual que Jesús fue rescatado de los suyos.

La clave de la crucifixión no es el sufrimiento de Jesús: la clave es la resurrección. La crucifixión fue un ejemplo extremo del ataque del ego al amor. La resurrección fue la respuesta de Dios a la crucifixión o la reaparición definitiva de la luz tras las más profundas tinieblas. Después de sobrevivir al tránsito de la oscuridad a la luz más gloriosa, Jesús no busca mártires, sino maestros que manifiesten ese mismo poder.

Se nos pide que compartamos ahora el poder de su resurrección para ofrecer sanación al mundo de la forma que Él nos indique. A medida que resucitamos de nuestras propias crucifixiones, nos convertimos en transformadores de la oscuridad del mundo. Dios obra milagros en nosotros con el fin de que seamos obradores de milagros también.

Jesús sufrió y luego resucitó para demostrar que el mundo espiritual anula el sufrimiento. Si tú o yo estamos pasando por un momento espantoso —si, por ejemplo, nos han tratado de manera injusta— y Jesús nos pide que perdonemos porque el amor infinito obrará un milagro en esa situación, seguramente le preguntaríamos «¿Cómo lo sabes?», de no ser porque Él pasó por lo mismo: porque fue crucificado y luego resucitó. Y si ha fallecido un ser querido y estamos llorando su muerte, y Jesús nos dice que no nos apenemos, porque la muerte del cuerpo no es la muerte del verdadero ser, sin duda le preguntaríamos: «¿Cómo estás tan seguro?», de no ser porque él fue crucificado y luego resucitó.

Indagar en los misterios del arquetipo que conocemos como «el viaje del héroe» desentraña secretos que de otro modo serían inaccesibles para nuestra mente consciente. La crucifixión y la resurrección de Jesús se cuentan entre los más profundos misterios que se nos plantean. Dios otorga una nueva vida a las partes de nosotros que han muerto. Restaura el orden cósmico en situaciones en las que previamente reinaba el caos más espantoso. El sufrimiento humano es inevitable en un mundo que vive inmerso en el espejismo y el miedo. Sin embargo, mediante el poder del perdón, podemos transformarlo, y lo hacemos. Con cada oración, con cada instante de fe, con cada acto misericordioso, con cada momento de arrepentimiento, con cada intento de perdón, avanzamos hacia la trascendencia del sufrimiento y la paz interior.

La persona que éramos muere y renace nuestro verdadero yo, que se eleva así por encima de la conciencia de oscuridad, ignorancia y muerte. Cada uno de nosotros experimenta este proceso una y otra vez: todos tenemos nuestro historial, nuestras crucifixiones, nuestras batallas, pruebas y tribulaciones. Pero cada uno de nosotros alberga asimismo un potencial de iluminación y resurrección, como una especie de Dios residente que nos anima a salir de las tinieblas y nos muestra la luz.

En la actualidad existe un importante debate cultural que ensalza la oscuridad. Tanto mental como físicamente, desmenuzamos nuestros problemas y diseccionamos hasta la más mínima de nuestras vicisitudes. Sin embargo, por más que sea importante aceptar las propias sombras, también deberíamos apropiarnos de nuestra luz. Jesús es uno de los nombres que recibe esa refulgencia. No deberíamos dejarnos hipnotizar por la crucifixión. Es importante entender la oscuridad, sí, pero más aún asomarnos a la luz que asoma detrás.

La mente resucitada es la luz de Dios que llevamos dentro. Es la mente que comprende. Entiende que solo el amor es real y que no existe nada más. Entiende que los espejismos se esfuman en presencia del amor. Entiende que el poder necesario para transformar el mundo radica en nuestra capacidad de pensarlo de otra manera. Al entenderlo todo de nuevo, nos convertimos en seres distintos. No solo mejoramos, sino que nos transformamos.

Tres días después de la crucifixión de Jesús, las mujeres que estaban más unidas a él acudieron a la tumba para recoger su cuerpo. Allí, un ángel les dijo: «¿Por qué buscáis entre los muertos al que vive? No está aquí, sino que ha resucitado» (Lucas 24, 5-6, BCI).

Una vez que has sobrevivido a tu crucifixión personal y resucitado en un nivel más elevado de conciencia, la parte de tu personalidad que fue crucificada deja de existir. Esa persona ha sido transmutada en lo que eres ahora. Ya no tienes determinados problemas, no te quedas atrapado en ciertos patrones de pensamiento y conducta, el pequeño yo deja de cegarte y ya no estás encadenado a la cruz de tu autodestructivo ego. Sin duda se trata de un terremoto interior.

Psicológicamente, la resurrección no es tanto un acontecimiento como un proceso. Constituye un despertar y un viaje, ya que atravesamos el tormento de afrontar nuestros demonios internos antes de salir a la luz tras haberlos derrotado. Y los beneficios del viaje son acumulativos. Las penalidades vividas nos convierten en personas distintas. Nos volvemos más sabios, más nobles, más humildes y más conscientes. Nos sentimos en paz y estamos más abiertos a los milagros de la vida. El trabajo más sagrado de cuantos estamos llevando a cabo es encontrar esa plenitud dentro, ese espacio en el que todas las piezas rotas de nuestro ser convergen en perdón y amor. Esa compleción es nuestra santidad. Tal es el milagro de la redención: transformación y renacimiento.

«Salvado» de la conciencia del ego, Jesús tiene ahora el papel de salvador de quienes seguimos perdidos en ella. Y seguiremos perdidos mientras estemos sometidos a los espejismos de la mentalidad egoica. Jesús, cuya mente experimentó una sanación total por obra del Espíritu Santo, posee la potestad divina de ayudar a cualquiera que recurra a él para hacer lo propio. La mente de Jesús, unida a nuestra mente, puede ahuyentar al ego a base de deslumbrarlo.

Ahora bien, eso requiere algo más que «creer en Jesús». Exige unirse a Él con pensamientos nacidos de una mentalidad de milagros, que constituyen la vía de escape de nuestro infierno personal. Al fin y al cabo, «creer» en Dios carece de sentido si nuestra creencia no va acompañada de actos. Según *Un Curso de Milagros*, muchas personas que no creen en Dios trabajan en connivencia con Él. Allí donde hay amor está Dios. Donde no hay amor, Él no se dejará engañar.

Nosotros somos los engañados. El mundo ilusorio —respaldado como está por un muro de densa realidad material— puede ejercer unos efectos tan poderosos como la verdad. Pero empezamos a ver más allá. El mundo mortal es un sueño del cual tenemos que despertar, porque es nuestra tarea espiritual. La resurrección es nuestro despertar, por cuanto disuelve el oscuro espejismo de un yo separado del resto del mundo mediante el gesto de acoger la luz del perdón y el amor. Dios es la Luz, y al aferrarnos a su fulgor devenimos transformadores de oscuridad. En la oscuridad solo hay guerra y muerte; en la luz hay paz en el mundo y buena voluntad.

Cuando Dios viaja a tu lado

Jesús llevó una vida mortal, sí, y también fue la plena manifestación o encarnación del Espíritu Santo. Saberlo produce asombro y reverencia. Y no resulta menos asombroso pensar que vive dentro de nosotros ahora mismo, ya no encarnado en un cuerpo, pero igual de real. Habita otro ámbito de conciencia y podemos acudir a su encuentro.

La crucifixión fue el último viaje al reino del miedo, la demostración final de que el poder del amor supera cualquier otro. La resurrección nos transmite el mensaje de que, en presencia del amor, el ego carece de poder. Tu verdadero yo no puede ser crucificado.

Los insultos que nos afectan no tienen por qué hacerlo, los recuerdos a los que nos aferramos no tienen por qué atormentarnos, las cosas que tememos no tienen por qué obsesionarnos: imagina cómo cambiará tu vida cuando los temibles melodramas de este mundo ya no te impidan avanzar. El ego nos ha adjudicado la vida de un esclavo encarcelado en la minúscula celda que nosotros mismos hemos creado, donde vivimos agazapados e incapaces de extender los brazos y las piernas, y mucho menos de desarrollar alas.

La resurrección implica comprender que las cosas no tendrían que ser así. Si otros cuentan mentiras sobre ti, no importa. Si cometiste un fallo en el pasado, puedes separarte del error y hacerlo mejor la próxima vez. Si alguien ya no quiere estar contigo, la forma de la relación cambia, pero el amor que hubo sigue vivo. Eso es lo que significa desarrollar alas. Significa volar por encima de las ilusiones de este mundo hasta alcanzar alturas en las que podemos ser más eficaces ayudando a los demás a dejar atrás esas ilusiones.

No se trata de un proceso abstracto, sino práctico. Es la transición de una situación de estrés crónico a la paz interior. Cada vez que alguien me dice que Dios es su copiloto, me río. Por lo que a mí respecta, si Dios viaja a mi lado, mejor le cedo el volante.

Dice *Un Curso de Milagros* que podemos dar un paso atrás y dejar que Dios marque el camino (L.E., Lec. 291). Podemos entregarle todo lo que tenemos y todo lo que somos, y pedirle que nos emplee para un propósito más elevado que los nuestros.

Se nos pide que seamos sus manos y sus pies; somos los grifos, pero no el agua. El asombroso poder de Dios está dentro de nosotros, pero no procede de nosotros. No somos el manantial sino el canal. Imagina que el universo estuviera conectado a la electricidad de Dios. Nosotros seríamos las lámparas. No importan ni la forma, ni el diseño ni los años de la lámpara. Lo único que importa es si está encendida.

Con cada oración, la encendemos. Con cada momento de perdón, la encendemos. Con cada «Jesús, dejo esto en tus manos», la encendemos. Él es la inteligencia del corazón, infinitamente superior a la nuestra.

La liberación espiritual no consiste en estallar, sino en fundirse. La ternura es más fuerte que la dureza, la humildad es más poderosa que la arrogancia y la flexibilidad supera la fuerza de voluntad.

Donde hay amor no puede haber miedo. Cuando la mente llama a Jesús, el temor disminuye. Cuando entregas un problema a la inteligencia del corazón notas literalmente una energía distinta en el cuerpo. La paz interior remplaza el desasosiego.

Lo sé por propia experiencia. Como he triunfado y fracasado varias veces en mi vida, he tenido mucho tiempo para pensar en las diferencias.

Ahora comprendo que, cuando fracasé, traté de tomarle la delantera a la verdad. Pensé que lo tenía todo resuelto. Traté de imponer mi voluntad. Me adelanté a Dios.

Cuando triunfé, me entregué a algo más grande que yo misma, no como acto de obediencia, sino de poder. Me recordé que solo soy una persona ante poderes mucho más grandes que el mío; a su servicio, me compenetro con un poder más inmenso que cualquier poder terreno.

Al mirar el mundo actual uno comprende que, como dicen en Alcohólicos Anónimos, nuestras mejores ideas nos han traído hasta aquí. Y, como Einstein dejó muy claro, el pensamiento que nos ha traído aquí no nos sacará de esto.

De ahí el renacimiento espiritual que experimenta el planeta. Por eso, tantas personas estamos dispuestas a ser humildes ante un poder mayor que el nuestro, un poder capaz de hacer por nosotros lo que no podemos hacer solos.

Hay un camino. Hay una puerta al mundo que deseamos, un mundo de paz en el que seamos libres para amar y ser amados. Esa puerta tiene muchos nombres y Jesús es uno de ellos. Si al mirar esa puerta ves su nombre, ten presente que está listo para abrirla en cuanto le digas «sí».

Extiende la mano y comprueba con cuánta facilidad se abre la puerta solo con tu intención de cruzarla. Allí ángeles alumbran el camino disipando toda oscuridad, y tú te yergues en una luz tan brillante y tan diáfana que puedes comprender todo lo que allí ves. Tal vez un breve momento de sorpresa haga que te detengas antes de que te des cuenta de que el mundo que ves ante ti, en la luz, *refleja la verdad que siempre has conocido y de la que no te habías olvidado totalmente mientras vagabas en sueños.** (L.E., Lec. 131).

IMAGINA A JESÚS

Siéntate cómodamente e imagina que Jesús vive en ti. Fúndete con su energía y deja que la suya se funda contigo. Inspira su ser.

Alarga esa visualización un mínimo de cinco minutos, si puedes...

Hoy, cuando vayas de un lado a otro, recuerda que él está más cerca de ti que tu propio aliento. Con cada pensamiento consciente que diriges a su presencia, las energías disfuncionales se disuelven y se dispersan. Regresan a la nada de la que proceden.

Querido Dios:
Te ruego que hagas por mí
lo que no puedo hacer por mí mismo/a.
Elimina la oscuridad e inúndame con Tu Luz.
Ayúdame a ver la inocencia de todos los seres.
Eleva mi alma y
renueva mi cuerpo.
Abre mis ojos para que vea
el amor que siempre está ahí.
Amén.

Él no hizo caso omiso

¿Qué puede hacer el mundo para evolucionar o para salvarse de la autodestrucción colectiva? Es maravilloso pensar que cada uno de nosotros puede transformar su manera de pensar y así cambiar su vida. Pero ¿no está en juego algo más que tu salvación o la mía? En una época de guerras constantes, degradación medioambiental y toda clase de desastres globales, ¿no deberíamos aceptar el desafío de evolucionar espiritualmente de forma colectiva?

La resurrección es la nueva sensibilidad que hoy se extiende por la Tierra. La abanderan aquellos que sienten que otro mundo es posible y que saben, en lo más profundo de su ser, que estamos aquí para hacerlo realidad. No procede de una perspectiva religiosa, aunque sí sagrada. Personas de todas las religiones y también quienes no profesan ninguna fe están despertando a la verdad del corazón.

La humanidad está dando a luz una nueva etapa histórica. El parto ocurre cuando ocurre, pero la madre aún tiene que empujar. La creación de un nuevo mundo no siempre es fácil y rara vez será bien recibida por los protectores del antiguo. Jesús constituye una ayuda mística tanto para dirigir el proceso como para poder sacarlo adelante.

De nuestra resurrección colectiva surgirá un mundo transformado. Seguirá siendo un sueño si lo comparamos con la realidad última de Dios, pero un sueño dichoso —dice el *Curso*— del que se puede despertar de manera más natural (T., cap. 18, V). No habrá guerras ni pobreza ni sufrimiento innecesario. Tan pronto como la humanidad haya recordado su identidad y su propósito, el planeta será un lugar distinto. La forma será secundaria frente a la supremacía del espíritu.

Al aumentar nuestra conciencia, las cosas sin importancia significarán menos para nosotros. El arco evolutivo se inclina hacia la justicia y nosotros nacimos para curvarlo. Aunque fuéramos tan irresponsables como para causar una catástrofe global y solo quedaran unas cuantas personas en el planeta, esos pocos se mirarían y dirían: «Esta vez vamos a hacer las cosas de otra manera».

El místico se guía por el corazón, sí. Pero al ver el cuerpo a través del prisma espiritual, obtenemos más fuerza vital física con la que cumplir el dictado del corazón. En la vida del místico no caben ni la pereza física ni la intelectual. No es una vida que dé la espalda a los problemas del mundo. El aspirante no dice que, como solo el amor es real y el resto es una ilusión, no hay que hacer nada, salvo tratar de sanar la propia vida. Ninguna justificación espiritual nos da permiso para desdeñar el sufrimiento del mundo. El hecho de que algo esté ocurriendo en un reino de ilusiones no significa que no importe. Jesús lloró: Él no hizo caso omiso.

Jesús no ignora a los hambrientos: los alimenta. No se limita a hablar de paz, sino que la promueve. No demoniza a los pobres, sino que los ayuda. Para todo ello, teniendo en cuenta la resistencia institucional, impulsada por el ego, a guiarse por esos valores, hace falta un milagro. Pero él está con nosotros para ofrecernos esos milagros. Los milagros no parecen una aspiración irracional cuando sabes que constituyen expresiones naturales del amor.

La montaña

Jesús proclamaba: «Arrepentíos, porque el reino de los cielos se ha acercado». Las palabras del padrenuestro «en la tierra como en el cielo» significan tanto en el plano material como en nuestros corazones.

Ha llegado el momento de arrepentirse —de repensar—, de reparar los errores del pasado e imaginar lo que es posible. Tenemos un nuevo mundo al alcance, si estamos dispuestos a replantearnos aquel que habitamos ahora.

La vida de la persona que obra milagros no viene definida tan solo por lo que hace, sino también por lo que es. Una vez alcanzado un estado de conciencia más pacífico y centrado, la cuestión es qué debe hacer la persona en la que nos hemos convertido.

Jesús convocó a hombres que remendaban redes, es decir, personas con las habilidades necesarias para ayudar. Convirtió a sus discípulos en pescadores de hombres, es decir, en líderes con cualidades para construir comunidades basadas en sólidos valores humanos. Sanó enfermedades y curó a un mundo herido: Él nos muestra cómo usar las energías para los mismos propósitos en el mundo actual.

Cuando las gentes empezaron a prestar atención a sus palabras, Jesús subió a la montaña. Igual que Moisés subió al monte Nebo respondiendo a la llamada de Dios, igual que María subió a la azotea, todos estamos llamados a subir a un lugar más elevado —los reinos de la meditación y la oración—, pues solo allí seremos capaces de oír, de pensar, de disfrutar de un entendimiento más profundo y trascendente. Según el poder de Dios vaya sanando nuestra vida, irá aumentando nuestro deseo de rezar, de meditar y de acordarnos de entregarle la vida a Dios.

El sentido de la vida es convertirla en una plataforma desde la cual contribuir a sanar el mundo. Jesús volvió la vista hacia las multitudes y tú también lo harás. Se sentó, un gesto que nos recuerda que debemos permanecer centrados, con los pies en el suelo. Los discípulos se le acercaron, y a ti se te unirán personas cuyas almas comparten tus mismas inquietudes. Y entonces empezó a hablar.

A partir de este momento, tú también te sentirás impulsado a actuar.

Sea cual sea la forma que adopte tu actividad, se puede convertir en tu misión sagrada. Podría ser tu manera de contribuir a mejorar tu pequeña parcela del mundo. Lo que hace que tu trabajo sea significativo es el espíritu de servicio: no tanto la forma como el contenido. Hagas lo que hagas, lo que importa es hacerlo al servicio del amor.

El Espíritu Santo sabe perfectamente quién eres y por lo que has pasado. Él te dirá adónde ir y qué hacer. Para Él, tus éxitos y tus fracasos pueden contribuir igualmente a sanar el mundo, siempre y cuando estés dispuesto a ser empleado como canal de su amor. El único fracaso es no aprender de la experiencia. Lo que marca nuestro valor espiritual como agentes de sanación es nuestra voluntad de ser utilizados por Él.

Jesús les dijo a sus discípulos que fueran por todo el mundo y predicaran el evangelio. Predicar es demostrar con el ejemplo, y el evangelio es amor. No les dijo a sus discípulos que se dedicaran a golpear a la gente en la cabeza con la Biblia. Ni tampoco les pide eso a sus discípulos actuales. Nos pide que prediquemos amor y solo amor, pues amor es lo que somos. El discípulo de Jesús no busca anunciar su mensaje: trata de recibirlo. Si le escuchamos con el oído interior, él nos susurra y nos revela todo lo que necesitamos saber.

El ego juega a un juego de suma cero: te dice que pierdes lo que das. Pero en el plano espiritual solo conservas aquello que entregas. Jesús fue capaz de multiplicar los panes y los peces porque tenía que dar de comer a la gente. Cuando vives para alimentar a los demás en un sentido o en otro, se te proveerá de toda la abundancia material que necesites para llevar a cabo tu tarea.

La idea es pedirle a Dios que nos guíe y nos utilice para desempeñar el papel que mejor se ajuste a su plan de sanación. Nosotros no vemos la imagen completa del plan ni dónde encajamos mejor, pero si nos ponemos a su disposición, Dios aceptará nuestra oferta. Él nos llevará a donde podamos ser más útiles. Su fe en nuestra capacidad para cumplir cada una de las tareas que nos encomiende es absoluta, y remplazará cualquier duda con fe.

> *Hay una manera de vivir en el mundo que no es del mundo, aunque parezca serlo. No cambias de apariencia, aunque sí sonríes mucho más a menudo. Tu frente se mantiene serena; tus ojos están tranquilos. Y aquellos que caminan por el mundo como tú lo haces reconocen en ti a uno de los suyos. No obstante, los que aún no han percibido el camino también te reconocerán y creerán que eres como ellos, tal como una vez lo fuiste.** (L.E., Lec. 155).

Los discípulos de Jesús representan la existencia de una alternativa —una manera de ser más misericordiosa, compasiva e indulgente— en las relaciones personales, en el entorno empresarial e incluso en los asuntos mundiales.

La resurrección no es una vida de sacrificio, sino una vida de alegría. No implica morir por la humanidad, sino vivir por ella. Lo único que «sacrificamos» son aquellas partes de nosotros mismos que descubrimos que nos sabotean y que siempre han sido un arma de doble filo. Sacrificamos la tendencia a juzgar, sacrificamos ser cobardes, sacrificamos la negatividad, sacrificamos vivir en pequeño. Esas son las cosas que dejamos morir para que el Dios que llevamos dentro pueda vivir.

Despertar del sueño

Tu Amigo te acompaña. No estás solo. Nadie puede llamarlo en vano. Sean cuales sean tus problemas, ten por seguro que Él tiene la solución y que gustosamente te la dará si te diriges a Él y se la pides. Él no se negará a darte todas las respuestas que necesites para cualquier cosa que parezca perturbarte. Él sabe cómo solventar todo problema y aclarar toda duda. Su certeza es tuya. Tan solo necesitas pedírsela para que te sea dada. *(L.E., Epílogo).

El ego es la mente de la separación, y mientras vivamos en este mundo siempre tenderemos a pensar en términos de cuerpos separados más que de espíritus unificados. Pero es posible habitar este plano, incluso profundamente implicados en las bendiciones del mundo, teniendo presente que cada día y cada interacción ofrecen una lección para convertirnos en seres humanos más inmersos en el amor.

Tenemos que aceptar nuestros errores para estar dispuestos a repararlos. Tenemos que reconocer nuestros defectos y entregárselos a Jesús para que pueda sanarlos. Tenemos que estar dispuestos a comprender que no somos ni mejores ni peores que nadie. Tenemos que ser capaces de dar un paso atrás y dejar que el Espíritu Santo tome el mando, remplazando nuestra voluntad por su sabiduría superior y su conocimiento de todas las cosas. Tenemos que estar dispuestos a vivir en el presente y soltar el pasado. Tenemos que albergar la intención de ver que solo el amor es real y que todo lo demás es una ilusión.

El mundo se encuentra en un estado de sopor espiritual. Nunca se ha producido un despertar masivo, pero ha llegado el momento de que protagonicemos uno, pues el sueño está poblado de pesadillas que amenazan con destruir a la humanidad.

Sin embargo, no es posible pasar directamente del sopor a un despertar completo. Jesús nos ayuda a transitar del doloroso sueño en el que nos encontramos a un dormitar dichoso, un mundo en el cual el hambre, la pobreza y la guerra dejen de existir. «Y Dios mismo enjugará toda lágrima»* (L.E., Lec. 301).

El mundo en el que vivimos no es sino un reflejo de la clase de personas que hemos sido. Nuestra negligencia e incluso negación de lo sagrado nos ha traído hasta aquí. Nuestra falta de reverencia y de devoción hacia Dios, hacia el planeta, hacia el prójimo e incluso hacia nosotros mismos es la causa de tanto dolor individual y colectivo.

Pero Dios, que es todo amor, tiene la solución para cualquier problema en el mismo instante en el que este aparece. Eso se aplica tanto colectiva como individualmente. La respuesta de Dios a los desafíos que afrontamos es un plan global para la redención del mundo. Por este plan, cada uno de nosotros recibe la sabiduría necesaria para desempeñar el papel más adecuado en la sanación del planeta.

El plan ejerce en el mundo el mismo efecto que el sistema inmune en el cuerpo. El organismo envía células a la herida para sanarla, y nosotros, como sanadores, tenemos la misión de reparar las heridas de la sociedad. E igual que el organismo asigna células al páncreas, al hígado o a la sangre, a nosotros se nos asignan las artes, la educación, los negocios o cualquier otro ámbito en el que podamos prestar nuestro mejor servicio. Sabremos qué tarea nos corresponde porque notaremos un impulso interior. Algunas tareas, como la política, son trabajos colectivos. Se nos envía allí donde podemos ser más útiles.

Al permitirle a Jesús que guíe nuestro pensamiento, le damos permiso para conducir nuestra vida. No podemos recurrir a la mente mortal y racional para saber qué pasará mañana, ni cómo encaja nuestro camino en el gran esquema de las cosas. Pero el Espíritu Santo lo sabe. La manera más gloriosa de ponerse al servicio de un mañana mejor es instalarse hoy, de todo corazón, en el amor y el perdón.

La frase «el cielo y la tierra serán uno solo» significa que llegará un día en que no existiremos en dos planos separados. Nuestro pensamiento se habrá depurado del miedo, al igual que el planeta. Ese es nuestro destino: lo alcanzaremos a través de la sabiduría o a través del dolor. El tiempo que tardemos en llegar y cuánto sufrimiento tengamos que soportar por el camino depende de nosotros. Pero la sanación es nuestro destino predeterminado, pues la Voluntad de Dios prevalece en todas las ocasiones. «Si estoy contigo en la soledad del mundo, la soledad desaparece»* (T., cap. 8, IV).

He presenciado mucho sufrimiento a lo largo de mi vida. He acompañado a muchas personas en el lecho de muerte. He abrazado a padres y madres que acababan de ver cómo su hijo exhalaba el último aliento. He visto y he experimentado la tortura de un corazón roto. Sin embargo, en las vidas ajenas, así como en la mía propia, he presenciado cómo la oscuridad se transformaba en luz. He visto renacer la esperanza en los ojos de aquellos que la habían perdido. He visto cómo funciona el universo. He presenciado la gloria de Dios.

Procedemos del amor y al amor volveremos. Sin duda sucederá después de la muerte, pero la cuestión es que podemos acceder a él ahora. No tenemos que esperar a morir para experimentar la inmortalidad. Podemos reabrir los ojos, aquí y ahora.

Allí donde se le da la bienvenida, allí está el Jesús místico.

AGRADECIMIENTOS

Escribir es una actividad profundamente íntima, pero se requieren muchas personas para que el trabajo del escritor sea posible. Quiero expresar mi más profundo agradecimiento a las personas que me lo han facilitado.

Gracias de todo corazón...

A Andrea Cagan, que una vez más se convirtió en mi musa cuando llevaba las palabras dentro, pero no las encontraba.

A Robert Perry, que me prestó con suma generosidad su talento y sus conocimientos sobre *Un Curso de Milagros.*

A Emily Bennington, cuyo amable trabajo con Robert en el Círculo de Expiación me aportó rumbo e inspiración.

A Lauren Selsky, Cathy Parr, Cindy Alvarado, Gina Vucci, Debo Grim y Tammy Brenizer, por organizar con excelencia y elegancia el mundo que se arremolinaba en torno a mí mientras escribía.

A Ellis Levine, por seguir dirigiendo mi carrera editorial.

A Tammy Vogsland, por asegurarse de que mi mundo no se desmoronase mientras redactaba este libro.

A Gabriella Page-Fort, que con gran cariño y generosidad acompañó el proceso hasta completar el libro.

Al ayudante de edición Ryan Amato, a la responsable de producción Lisa Zuniga, a la revisora de textos Cathy Cambron, a la diseñadora de la maqueta Leah Carlson-Stanisic, a la directora de arte Yvonne Chan y al diseñador de cubiertas Stephen Brayda. A la responsable de *marketing* Julia Kent, a las responsables de promoción Courtney Nobile y Alison Cerri, a la editora adjunta Laina Adler y a la editora Judith Curr. Gracias a todos por hacer un trabajo tan maravilloso.

A mi hija, India, que es mi mayor bendición.

Y a Mickey Maudlin, por tantos años de sabia orientación, por concederme la oportunidad de escribir este libro y por creer que podía hacerlo.

ACERCA DE LA AUTORA

Marianne Williamson es conferenciante de prestigio mundial y autora superventas con catorce títulos publicados, incluido *Volver al amor*. Varios de sus libros han alcanzado los primeros puestos en las listas de *The New York Times* y participa con frecuencia como invitada en distintos programas de televisión, incluidos *Oprah, Larry King Live, Good Morning America* y *Charlie Rose*. Es la fundadora del proyecto Angel Food, que prepara y entrega comidas a personas con sida confinadas en sus hogares en la zona de Los Ángeles. Es natural de Houston, Texas.

Este libro se terminó de imprimir en los talleres de Rotoprint by Domingo en septiembre de 2025.

La mentalidad del amor ha sido posible gracias al trabajo de su autora, Marianne Williamson, así como de la traductora Victoria Simó Perales, la correctora Alicia Conde, el diseñador José Ruiz-Zarco, el equipo de Realización Planeta, la directora editorial Marcela Serras, la editora ejecutiva Rocío Carmona, la editora Ana Marhuenda, y el equipo comercial, de comunicación y marketing de Diana.